재미있는 대학日本語

머리말

일본은 한국과 역사적, 지리적, 사회적, 문화적으로 많은 관계를 유지해 온 나라입니다. 그리고 오늘날 한일 양국은 각각의 전통과 개성을 살리면서 세계화로 나아가고 있습니다.

한국이 일본을 모르고서는 미래를 이야기 할 수 없는 것은 과거나 현재를 통해 알 수 있는 상황적 현실입니다. 이 같이 우리에게 많은 자극으로 다가오는 일본을 알기 위해서는 일본의 말과 글을 아는 것이 무엇보다 필요하고 중요한 문제일 것입니다.

일본어는 쉽다고들 흔히 말합니다. 그러나 공부를 시작하고 얼마 지나지 않아 오히려 더 어렵게 느껴진다고 하는 이야기를 자주 듣습니다. 자연스러운 일본어를 구사하려면 할수록 더욱 그러하다는 것을 일본어를 먼저 공부한 사람으로서 잘 이해되는 부분입니다.

본 교재는 이러한 인식 위에서, 일본어를 보다 쉽게 배우고 익힐 수 있도록 정리한 교재입니다. 학습자의 입장에서 부담을 느끼지 않고 혼자서도 재미있게 학습할 수 있도록 구성된 것이 본 교재의 특징입니다.

교재의 구성은 일본의 문자와 기초적 문법해석, 필요한자, 응용회화, 연습문제 풀이 등으로 이루어져 있습니다. 특히 회화연습 코너를 따로 마련하여, 부담없이 일상회화에 친숙해질 수 있도록 유도하고 있습니다. 대강 한 학기 정도의 분량을 기초적으로 커버할 수 있는 기초편으로 처음 일본어를 접하는 학습자에게 도움이 될 것입니다.

아무쪼록 이 교재가 학생 여러분들의 일본어 어학 능력 향상에 밑거름이 되는 일본어 첫걸음 교재로서, 실력 향상과 더불어 일본문화의 이해, 나아가 양국의 원활한 교류증대에 기여할 수 있는 일본어 어학인 양성에 조금이나마 보탬이 되었으면 하는 바램입니다.

　덧붙여 어학은 끊임없는 반복 학습에 의한 노력의 결실이라는 점을 유의하시고 늘 가까이 하는 습관을 몸에 익혀주시기를 간절히 바라는 바입니다.

끝으로 본서의 출판에 수고를 아끼지 않으신 세림출판사 홍정표 이하, 편집 출판부 관계자 여러분들께도 깊은 감사의 말씀을 올립니다.

2007년 3월 지은이 씀

구성과 특징

제1장 문자와 발음

제2장 실용회화 및 문법

학습 Point
각 과의 주요 학습 내용을 미리 파악할 수 있게 하였다.

기본 회화
일본어를 배우는데 무엇보다 중요한 일상회화에 중점을 두어 바로 사용할 수 있도록 하였다. 또한 자신의 기본적 의사 전달이 순조롭게 되도록 일본어 감각을 터득할 수 있게 하였다.

해석
기본회화의 이해와 혼자서도 공부할 수 있도록 해석을 달아 두었다.

단어 정리
각 과에 나오는 단어를 정리하여 본문의 이해도를 높였다.

학습 사항
각 과마다 필요한 핵심적인 문법사항을 쉽게 체계적으로 설명하였으며, 그 문법에 맞는 예를 들어 바로 이해할 수 있게 하였다.

응용 회화
기본 회화의 학습 내용을 중심으로 반복 연습함으로써, 응용할 수 있도록 하였다.

회화 연습
기본회화와 응용회화의 반복 연습으로, 단어실력과 화화실력 향상에 도움이 되게 하였다.

연습 문제
학습자가 본문에 나오는 문형을 중심으로 문자·어휘·문법·독해 등에 맞추어 복습을 겸한 연습이 가능하도록 하였다.

새 단어
본문인 기본회화와 응용회화 외에 나오는 단어를 정리, 알 수 있게 하였다.

일본에 다가가기, 여행지, 문화소개
일본여행을 하기 위한 기본 지식과 일본여행지, 문화에 대한 소개를 곁들여 일본사정에 도움이 되게 하였다.

부록
연습문제 풀이
응용회화 해석
단어 색인

히라가나(ひらがな)

あ	い	う	え
お	か	き	く
け	こ	さ	し
す	せ	そ	た
ち	つ	て	と
な	に	ぬ	ね
の	は	ひ	ふ

へ	ほ	ま	み
む	め	も	や
(ゐ)	ゆ	(ゑ)	よ
ら	り	る	れ
ろ	わ	(ゐ)	
(ゑ)	を	ん	

가타카나(カタカナ)

ア	イ	ウ	エ
オ	カ	キ	ク
ケ	コ	サ	シ
ス	セ	ソ	タ
チ	ツ	テ	ト
ナ	ニ	ヌ	ネ
ノ	ハ	ヒ	フ

ヘ	ホ	マ	ミ
ム	メ	モ	ヤ
(ヰ)	ユ	(ヱ)	ヨ
ラ	リ	ル	レ
ロ	ワ	(ヰ)	
(ヱ)	ヲ	ン	

목 차

제 1 장 문자와 발음 / 10

1. 일본어의 문자 / 14
2. 일본어의 발음 / 16

제 2 장 실용회화 및 문법 / 44

제1과 こんにちは。 / 안녕하세요? / 47

제2과 はじめまして。 / 처음 뵙겠습니다. / 57

제3과 あれは 何(なん)ですか。 / 저것은 무엇입니까? / 69

제4과 図書館(としょかん)は どこですか。 / 도서관은 어디입니까? / 81

제5과 今(いま) 何時(なんじ)ですか。 / 지금 몇 시입니까? / 91

제6과 きょうは 何月(なんがつ) 何日(なんにち)ですか。 / 오늘은 몇 월 몇 일입니까? / 103

제7과 全部(ぜんぶ)で おいくらですか。 / 전부 얼마입니까? / 113

제8과 何人(なんにん) 家族ですか。 / 가족은 몇 명입니까? / 125

제9과　日本語は やさしいです。/ 일본어는 쉽습니다. / 135

제10과　どんな 果物が 好きですか。/ 어떤 과일을 좋아합니까? / 147

제11과　教室に 学生が います。/ 교실에 학생이 있습니다. / 159

제12과　あした, 慶州へ 行きます。/ 내일 경주로 갑니다. / 167

제13과　何を して いますか。/ 무엇을 하고 있습니까? / 179

제14과　ハングルを 教えて ください。/ 한글을 가르쳐 주세요. / 191

제15과　ヨロッパへ 行った ことが ありますか。/ 유럽에 간 적이 있습니까? / 201

부록 / 212

1. 연습문제풀이　/ 214
2. 해석　/ 222
3. 단어색인　/ 231

제 1 장
문자와 발음

제 1 장
문자와 발음

1. 일본어의 문자

일본어는 히라가나(ひらがな), 가타카나(カタカナ), 한자(漢字)등 세 종류의 글자를 사용하여 표기한다. 히라가나와 가타카나를 가나(名/빌린글자)라고 하고, 이는 영어의 알파벳에 해당된다.

1) 히라가나(ひらがな)

한자(漢字)의 초서체(草書・)에서 만들어진 문자로 일반적으로 가장 많이 사용하고 있다. 일상의 문자 및 필기・인쇄 모든 경우에 사용되는 기본 문자로, 성립시기는 헤이안(平安)시대 (9C경)로 추정되며, 한자의 초서체에서 비롯되었다.

2) 가타카나(カタカナ)

한자(漢字)의 일부인 부수나 획에서 만들어졌으며, 주로 외래어 표

기에 사용하는데, 외국인명이나 지명, 의성어·의태어, 일본에서 사용 중인 전보문(電報文), 동·식물의 이름 내지는 특별히 강조할 부분 등에 쓰인다.

3) 한자(漢字)

일본어의 문장은 주로 히라가나와 한자를 혼합해 쓰므로 한자도 일본어라 생각하고 공부해야 한다. 중국이나 한국에서는 한자(漢字)를 음(音)으로만 읽는데 비해 일본에서는 한자(漢字)를 음(音)뿐만 아니라 훈(訓/뜻)으로도 읽는다. 또한 음과 훈이 한 글자에 2개 이상인 경우도 있다. 한자는 일상적으로 쓰는 상용한자인 1,945자로 정해져 있다. 한자는 주로 약자로 쓰인다.

- 訓(훈독)으로 읽는 경우 : 川(かわ) 강, 神(かみ) 신, 紙(かみ) 종이
- 音(음독)으로 읽는 경우 : 小說(しょうせつ) 소설
  　　　　　　　　　　　新聞(しんぶん) 신문
- 한 단어 속에 음독과 훈독이 섞인 경우도 있다.
  　　　　: 每朝(まいあさ) 매일아침, 消印(けしいん) 소인

2. 일본어의 발음

【오십음도】

히라가나(ひらがな)와 가타카나(カタカナ)를 합쳐 가나(かな)라 하며, 「仮名(かな)」를 5단(段) 10행(行)으로 배열해 놓은 도표를 오십음도(五十音図ごじゅうおんず)라 한다.

- 平伽名(ひらがな)

	a단	i단	u단	e단	o단
あ행	あ a	い i	う u	え e	お o
か행	か ka	き ki	く ku	け ke	こ ko
さ행	さ sa	し shi	す su	せ se	そ so
た행	た ta	ち chi	つ tsu	て te	と to
な행	な na	に ni	ぬ nu	ね ne	の no
は행	は ha	ひ hi	ふ hu	へ he	ほ ho
ま행	ま ma	み mi	む mu	め me	も mo
や행	や ya		ゆ yu		よ yo
ら행	ら ra	り ri	る ru	れ re	ろ ro
わ행	わ wa			(を) o	ん n

( )는 조사에만 씀

【발음연습 1】

1) 청음(清音) せいおん

일본어에서 탁음과 반탁음을 제외한 모든 음절이 청음이다.

【あ行】

あ	い	う	え	お
a	i	u	e	o

일본어의 모음. 일본어의 모음은 이 다섯 가지 밖에 없다
　예) あい(사랑)　いえ(집)　うえ(위)　え(그림)　うお(물고기)

【か行】

か	き	く	け	こ
ka	ki	ku	ke	ko

우리말의 ㄱ과 영어 k의 중간음에 가깝다.
　예) かき(감)　きく(국화)　くき(줄기)　け(털)　こえ(목소리)

【さ行】

さ	し	す	せ	そ
sa	si	su	se	so

す는 수와 스의 중간음으로 수보다는 스에 가깝다.
　예) さけ(술)　しお(소금)　すし(초밥)　せき(기침)　そこ(거기)

제1장 문자와 발음

【た行】

た	ち	つ	て	と
ta	chi	tsu	te	to

단어의 중간 음에 올 때는 따 찌 쯔 떼 또에 가깝게 발음한다.
   예) たたく(두들기다)　ちち(아버지)　つくえ(책상)　てつ(철)
      とけい(시계)

【な行】

な	に	ぬ	ね	の
na	ni	nu	ne	no

예) なつ(여름)　にし(서쪽)　いぬ(개)　ねこ(고양이)　のう(뇌)

【は行】

は	ひ	ふ	へ	ほ
ha	hi	hu	he	ho

예) はな(꽃)　ひと(사람)　ふね(배)　へや(방)　ほし(별)

【ま行】

ま	み	む	め	も
ma	mi	mu	me	mo

예) まめ(콩)　みみ(귀)　むし(벌레)　めす(암컷)　もち(떡)

【や行】

や	(い)	ゆ	(え)	よ
ya	(I)	yu	(e)	yo

や행은 わ와 함께 일본의 반모음에 해당한다.
　예) やきゅう(야구)　ゆめ(꿈)　ようきゅう(요구)

【ら行】

ら	り	る	れ	ろ
ra	ri	ru	re	ro

예) らくえん(낙원)　りそう(이상)　るす(부재)　れいせい(냉정)
　　ろじ(골목)

【わ行】

わ	(い)	(う)	(え)	を
wa	(i)	(u)	(e)	wo

わ는 반모음이다. を는 お와 발음이 같으며, 조사(우리말의 ~을, ~를에) 해당한다.
　예) わに(악어)　かわ(강)　わいろ(뇌물)

【ん】

ん은 받침으로 쓰인다. 다음에 오는 글자의 영향으로 우리말의「m=ㅁ, n=ㄴ, ng=ㅇ」등으로 발음된다. 기본적으로는 '응'으로 읽는다.
　예) しんぶん(신문)　せんせい(선생)　おんがく(음악)

제1장 문자와 발음

2) 탁음(濁音) ^{だくおん}

　탁음이란 청음의 오른쪽 위에 탁점「ﾞ」을 붙여 탁하게 발음하는 소리를 말한다. 탁음은「か, さ, た, は행」에서만 나타난다.

	が행	ざ행	だ행	ば행
あ단	が(ga)	ざ(za)	だ(da)	ば(ba)
い단	ぎ(gi)	じ(zi)	ぢ(zi)	び(bi)
う단	ぐ(gu)	ず(zu)	づ(zu)	ぶ(bu)
え단	げ(ge)	ぜ(ze)	で(de)	べ(be)
お단	ご(go)	ぞ(zo)	ど(do)	ぼ(bo)

ぢ(zi), づ(zu)는 발음이 같지만 じ, ず가 주로 쓰인다.

【が行】

が	ぎ	ぐ	げ	ご
ga	gi	gu	ge	go

が行의 발음은 우리말의 [ㄱ]음과 거의 동일하지만, 두 번째 음절에 오면 성대 진동에 의해 콧소리 같은 무성음이 되는 특성이 있다.
　예) がか(화가)　　ぎせい(희생)　　ぐうすう(짝수)　　げた(나막신)
　　　ごみ(쓰레기)

【ざ行】

ざ	じ	ず	ぜ	ぞ
za	zi	zu	ze	zo

ざ行의 발음은 우리말의 [ㅈ]음과 거의 동일하지만, 약간 더 둔탁한 느낌으로 발음해야 한다.

예) ざこ(잔챙이, 조무래기)   じごく(지옥)   ずるい(교활하다)
　　ぜひ(꼭, 제발)

【だ行】

だ	ぢ	づ	で	ど
da	zi	zu	de	do

だ, で, ど 는 우리말의 [ㄷ]음이고, ぢ, づ는 앞서 ざ行의 じ, ず와 같은 음이다.

예) だいく(목수)   はなぢ(코피)   こづつみ(소포)   どろぼう(도둑)
　　でぐち(출구)

【ば行】

ば	び	ぶ	べ	ぼ
ba	bi	bu	be	bo

ば行의 발음은 우리말의 [ㅂ]음과 거의 동일하다.

예) ばら(장미)   くび(목)   ぶた(돼지)   かべ(벽)   ぼうし(모자)

제1장 문자와 발음

3) 반탁음(半濁音) ^{だくおん}

반탁음은「は행」에만 쓸 수 있으며, 뒤에「°」를 찍어서 나타낸다. 「ぱ 行」의 발음은 말머리에서는 [ㅍ]음이 되지만, 말 중간이나 말끝에 나오면 [ㅃ]음이 되는 경우가 많다.

	ぱ행
あ단	ぱ(pa)
い단	ぴ(pi)
う단	ぷ(pu)
え단	ぺ(pe)
お단	ぽ(po)

【ぱ行】

ぱ	ぴ	ぷ	ぺ	ぽ
pa	pi	pu	pe	po

예) ぱらぱら 책장을 (획획) 넘기는 모양·
　　ぴかぴか (번쩍번쩍) 빛나는 모양
　　ぷりぷり 살이 쪄서 (탱탱)한 모양
　　ぺらぺら 외국어 등을 (술술) 말하는 모양·
　　ぽろぽろ 눈물이 (뚝뚝) 떨어지는 모양

4) 요음(拗音)

　요음은 모음「い」를 뺀 나머지「i」단의 자음「き し ち に ひ み り じ ぢ び ぴ」에 반모음인「や ゆ よ」를 작게 써서 한 음절로 읽는 것을 말한다.

　즉, [き + や = きゃ]로 사용되며, 두개의 문자가 합쳐진 글자지만 [키야]로 두음절로 발음하지 않고 [캬]라는 한 음절로 발음한다.

きゃ (kya)	しゃ (sya)	ちゃ (cha)	にゃ (nya)	ひゃ (hya)	みゃ (mya)	りゃ (rya)
きゅ (kyu)	しゅ (syu)	ちゅ (chu)	にゅ (nyu)	ひゅ (hyu)	みゅ (myu)	りゅ (ryu)
きょ (kyo)	しょ (syo)	ちょ (cho)	にょ (nyo)	ひょ (hyo)	みょ (myo)	りょ (ryo)

ぎゃ (gya)	じゃ (zya)	ぢゃ (zya)	びゃ (bya)	ぴゃ (pya)
ぎゅ (gyu)	じゅ (zyu)	ぢゅ (zyu)	びゅ (byu)	ぴゅ (pyu)
ぎょ (guo)	じょ (zyo)	ぢょ (zyo)	びょ (byo)	ぴょ (pyo)

예) きゅうり(오이)　　しょくじ(식사)　　かいしゃ(회사)
　　しょくじ(식사)　　じょせい(여성)　　ぎじゅつ(기술)
　　ちゅうどく(중독)　ひゃく(백)　　　　ずひょう(도표)
　　みょうじ(성씨)　　りゃくじ(약자)　　りゅうがく(유학)

5) 촉음(促音) _{そくおん}

촉음이란 청음「つ」를 작게 써서 표기한 음은 우리말의 받침과 같은 역할을 하며, 뒤에 오는 음에 따라 발음이 조금씩 달라진다.

① 뒤에 오는 음이「か」행인 경우 : 'ㄱ' 받침소리
　예) がっこう(학교)　にっき(일기)　ひっこし(이사)

② 뒤에 오는 음이「さ」행인 경우 : 'ㅅ' 받침소리
　예) いっさつ(한 권)　せっけん(비누)　ざっし(잡지)

③ 뒤에 오는 음이「た」행인 경우 : 'ㄷ' 받침소리
　예) きって(우표)　むっつ(여섯)　おっと(남편)

④ 뒤에 오는 음이「ぱ」행인 경우 : 'ㅂ' 받침소리
　예) いっぱい(가득, 한 잔)　かっぱつ(활발)　しっぽ(꼬리)

6) 발음(撥音)
_{はねるおん}

일본어「ん」을 발음(撥音)이라고 하는데, 우리말의 'ㄴ, ㅁ, ㅇ' 받침과 같은 역할을 한다. 이 음은 뒤에 오는 음에 따라 발음이 조금씩 달라진다.

① 「ㅁ」받침 : / m /으로 발음되는 경우
「ん」뒤에「ま, ば, ぱ행」이 올 경우
예) さんま(꽁치)   せんむ(전무)   しんぱい(걱정)   えんぴつ(연필)

② 「ㄴ」받침 : / n /으로 발음되는 경우
「ん」뒤에「さ, ざ, た, だ, な, ら행」이 올 경우
예) せんせい(선생님)   かんじ(한자)   はんたい(반대)   おんな(여자)

③ 「ㅇ」받침 : / ng /으로 발음되는 경우
「ん」뒤에「か, が행」이 올 경우
예) きんこ(금고)   りんご(사과)   まんが(만화)   にほんご(일본어)

④ 「ㄴ 과 ㅇ의 중간 음」받침 : / N /으로 발음되는 경우
「ん」뒤에「あ, は, や, わ행」이나 문 말에 올 경우
예) ほん(책)   おでん(어묵)   でんわ(전화)   ねだん(가격)

제1장 문자와 발음

7) 장음(長音)
<ruby>長音<rt>ちょうおん</rt></ruby>

장음은 오십음도의 특장 단 뒤에 모음인 「あ,い,う,え,お」가 왔을 경우, 모음을 별도로 발음하지 않고 한 음절 길이만큼 늘여서 발음하는 것을 가리킨다.

가타카나(カタカナ)의 장음은 「ー」으로 표기한다.

① [あ]단 뒤에 모음 あ가 올 경우
   예) おばあさん(할머니)   おかあさん(어머니)

② [い]단 뒤에 모음 い가 올 경우
   예) おじいさん 할아버지   おにいさん(오빠,형)

③ [う]단 뒤에 모음 う가 올 경우
   예) ぎゅうにゅう(우유)   すうがく(수학)

④ [え]단 뒤에 모음 え,い가 올 경우
   예) おねえさん(누나, 언니)   せんせい(선생님)   とけい(시계)

⑤ [お]단뒤에 모음 う,お가 올 경우
   예) こうこう(고등학교)   おとうさん(아버지)

・片仮名(カタカナ)

	ア단	イ단	ウ단	エ단	オ단
ア행	ア a	イ i	ウ u	エ e	オ o
カ행	カ ka	キ ki	ク ku	ケ ke	コ ko
サ행	サ sa	シ shi	ス su	セ se	ソ so
タ행	タ ta	チ chi	ツ tsu	テ te	ト to
ナ행	ナ na	ニ ni	ヌ nu	ネ ne	ノ no
ハ행	ハ ha	ヒ hi	フ hu	ヘ he	ホ ho
マ행	マ ma	ミ mi	ム mu	メ me	モ mo
ヤ행	ヤ ya		ユ yu		ヨ yo
ラ행	ラ ra	リ ri	ル ru	レ re	ロ ro
ワ행	ワ wa			ヲ o	ン n

【발음 연습 2】

가타카나는 주로 외래어에 쓰인다.

(ア)행

アルバイト (아르바이트)　　アイ (눈)　　　　　ウエア (웨어, 옷)
エレベーター (엘리베이터)　エア (공기)　　　　オートバイ (오토바이)

(か)행

かー　(카, 자동차)　　カレンダー (캘린더)　　ガラス (유리)
ギター (기타)　　　　キロ (キログラム) (킬로그램)　クラス (반, 학급)
ケーキ (케익)　　　　コップ (컵)　　　　　　コンサート (콘서트)

(サ)행

サーカス (서커스)　　サンドイッチ (샌드위치)　シャツ (셔츠)
ジャム (잼)　　　　　スカート (스커트)　　　スプーン (스푼)
ズボン (바지)　　　　セーター (스웨터)　　　ソース (소스)

(タ) 행

タクシー (택시)　　　チータ (치타)　　　　　テープ (테이프)
テーブル (테이블)　　テスト (테스트)　　　　デパート (백화점)
ツアー (투어, 여행)　ドア　(문)　　　　　　トイレ (화장실)

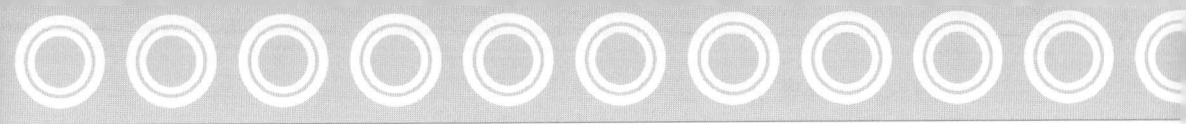

(ナ) 행
ナイフ (칼)	テニス (테니스)	ニュース (뉴스)
カヌー (카누)	ネクタイ (넥타이)	ノート (노트)

(ハ) 행
パーティー (파티)	バス (버스)	パン (빵)
ビル (빌딩)	フィルム (필름)	プール (풀장)
ベル (벨)	ペン (펜)	ボールペン (볼펜)
ポケット (주머니)	ボタン (단추)	ホテル (호텔)

(マ) 행
マッチ 성냥	ミス 실수, 미혼여성	マスコミ 매스컴
チーム 팀	メートル 미터	メモ · 메모

(ヤ) 행
ヤヌス (야누스)	ユーモア (유머)	ヨーヨー (요요:장난감)

(ラ) 행
ラジオ (라디오)	リスト (리스트)	ルール (룰,규칙)
レコード (레코드)	レストラン (식당)	ロシア (러시아)

(ワ) 행
ワイシャツ (와이셔츠)	ワイン (와인)	スクリーン (스크린)

ひらがな 쓰기 연습

あ [a]	あ	あ				
い [i]	い	い				
う [u]	う	う				
え [e]	え	え				
お [o]	お	お				
か [ka]	か	か				
き [ki]	き	き				

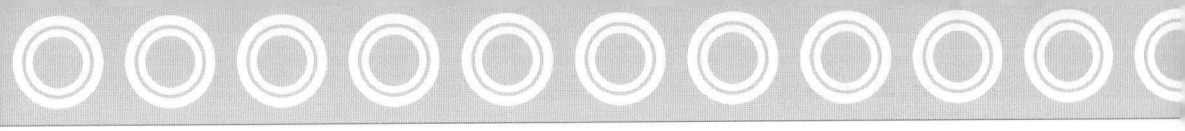

く [ku]	く	く				
け [ke]	け	け				
こ [ko]	こ	こ				
さ [sa]	さ	さ				
し [si]	し	し				
す [su]	す	す				
せ [se]	せ	せ				
そ [so]	そ	そ				

제1장 문자와 발음

た[ta]	た	た				
ち[chi]	ち	ち				
つ[tsu]	つ	つ				
て[te]	て	て				
と[to]	と	と				
な[na]	な	な				
に[ni]	に	に				
ぬ[nu]	ぬ	ぬ				

ね [ne]	ね	ね				
の [no]	の	の				
は [ha]	は	は				
ひ [hi]	ひ	ひ				
ふ [hu]	ふ	ふ				
へ [he]	へ	へ				
ほ [ho]	ほ	ほ				
ま [ma]	ま	ま				

제1장 문자와 발음

み [mi]	み	み				

む [mu]	む	む				

め [me]	め	め				

も [mo]	も	も				

や [ya]	や	や				

(ゐ) [i]	(ゐ)	(ゐ)				

ゆ [yu]	ゆ	ゆ				

(ゑ) [e]	(ゑ)	(ゑ)				

よ [yo]	よ	よ				
ら [ra]	ら	ら				
り [ri]	り	り				
る [ru]	る	る				
れ [re]	れ	れ				
ろ [ro]	ろ	ろ				
わ [wa]	わ	わ				
(ゐ) [i]	(ゐ)	(ゐ)				

제1장 문자와 발음

い와 ゐ, 그리고 え와 ゑ는 발음이 같아서 현대 구어에서는 ゐ와 ゑ는 사용되지 않고 있다.

カタカナ 쓰기 연습

ア [a]	ア	ア				

イ [i]	イ	イ				

ウ [u]	ウ	ウ				

エ [e]	エ	エ				

オ [o]	オ	オ				

カ [ka]	カ	カ				

キ [ki]	キ	キ				

제1장 문자와 발음

ク [ku]	ク	ク				

ケ [ke]	ケ	ケ				

コ [ko]	コ	コ				

サ [sa]	サ	サ				

シ [si]	シ	シ				

ス [su]	ス	ス				

セ [se]	セ	セ				

ソ [so]	ソ	ソ				

タ [ta]	タ	タ				

チ [chi]	チ	チ				

ツ [tsu]	ツ	ツ				

テ [si]	テ	テ				

ト [to]	ト	ト				

ナ [na]	ナ	ナ				

제1장 문자와 발음

二 [ni]						

ヌ [nu]						

ネ [ne]						

ノ [no]						

ハ [ha]						

ヒ [hi]						

フ [hu]						

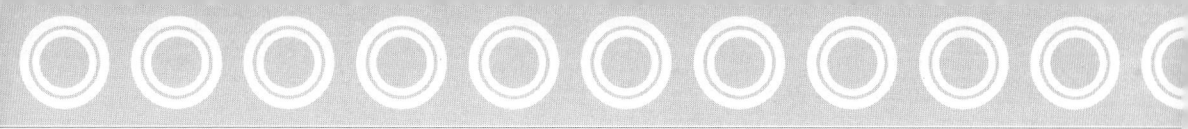

ヘ [he]	ヘ	ヘ				
モ [ho]	ホ	ホ				
マ [ma]	マ	マ				
ミ [mi]	ミ	ミ				
ム [mu]	ム	ム				
メ [me]	メ	メ				
モ [mo]	モ	モ				

제1장 문자와 발음

ヤ [ya]	ヤ	ヤ				
(ヰ) [wi]	(ヰ)	(ヰ)				
ユ [yu]	ユ	ユ				
(ヱ) [we]	(ヱ)	(ヱ)				
ヨ [yo]	ヨ	ヨ				
ラ [ra]	ラ	ラ				
リ [ri]	リ	リ				

ル [ru]

レ [re]

ロ [ro]

ワ [wa]

(ヰ)

ヲ [wo]

ン

제 2 장
실용회화 및 문법

Memo

제1과

こんにちは
안녕하세요

1. 아침, 점심, 저녁 인사말

2. 여러 가지 인사말

제2장 실용회화 및 문법

기본회화

がくせい　せんせい
学生：先生、おはようございます。

先生：おはよう。

　　　たなか
イー：田中さん、こんにちは。

田中：あ、こんにちは。

さとう
佐藤：こんばんは、せんせい。

先生：あ、佐藤さん、こんばんは。

해석

학생 : 선생님, 안녕하세요.
선생님 : 안녕.

이 : 다나카씨, 안녕하세요.
다나카 : 아, 안녕하세요

사토 : 안녕하세요. 선생님.
선생님 : 아, 사토씨, 안녕하세요.

단어정리

おはようございます	안녕하세요(아침 인사)
こんにちは	안녕하세요 (낮 인사)
こんばんは	안녕하세요(저녁 인사)
学生(がくせい)	학생
先生(せんせい)	선생님
田中(たなか)	일본의 성씨
佐藤(さとう)	일본의 성씨

제2장 실용회화 및 문법

학습사항

◉ 여러 가지 인사말

① 만났을 때

お元気（げんき）ですか。　　　　　잘 지내십니까? / 안녕하십니까?

お久（ひさ）しぶりです。　　　　　오랜만입니다.

② 취침 인사

おやすみなさい。　　　　　편히 주무세요.
　　　　　　　　　　　　　／ 정중한 말투로, 손윗사람에게 말할 때 사용한다.
おやすみ。　　　　　　　　잘 자.
　　　　　　　　　　　　　／ 친구나 손아랫사람에게 사용한다.

③ 외출 시의 인사와 귀가인사

行（い）ってきます。　　　　　다녀오겠습니다.

行（い）っていらっしゃい。　　다녀오십시오.

ただいま。　　　　　　　　　다녀왔습니다.

お帰（かえ）りなさい。　　　　잘 다녀왔나요.

④ 감사와 미안함의 인사

ありがとうございます。	고맙습니다.
ありがとうございました。	고마웠습니다.
どういたしまして。	천만에요(감사에 대한 답례).
お世話(せわ)になりました。	신세를 졌습니다.
すみません。	미안합니다 / 고맙습니다.
ごめんなさい。	죄송합니다.

⑤ 식사할 때

いただきます。	잘 먹겠습니다.	
ごちそうさまでした	잘 먹었습니다.	

⑥ 헤어질 때 인사

◉ **さようなら**

일반적으로 모두에게 사용 가능하지만, 그때그때 상황에 맞게 사용해야 한다.

◉ **あ**

あ는 무엇인가 인식하는 순간에 나오는 소리라 할 수 있다. 자연스럽게 기분에 따라 길고 짧게 발음하면 된다.

◉ **さん**

~さん은 사람 이름 뒤에 쓰는 경칭으로 한국어의 ~씨에 해당한다. 다만, 한국어의 ~씨는 상대방을 그렇게 존경하지 않는데 비해, 일본어의 ~さん은 상당히 나이가 위인 사람에게도 쓸 수 있으며, 우리말에서 김씨, 박씨라고 부르면 실례인 것과는 달리 실례가 되지 않는다.

제2장 실용회화 및 문법

응용회화

A : では、行ってきます。
B : はい、行っていらっしゅい。
　　気を つけて ください。

제1과

회화 연습

• 안녕하세요?

➡ _____

➡ _____

➡ _____

• 학교 갔다 돌아왔을 때

A : ただいま

B : _____

• 자러 갈 때

A : お休みなさい。

B : _____

단어정리

| 気をつけてください | 조심 하세요 |

제2장 실용회화 및 문법

1. 다음 인사말을 일본어로 옮기시오.
   1) 아침 인사
   2) 낮 인사
   3) 저녁 인사
   4) 헤어질 때 인사
   5) 취침 인사

2. 일본어 인사말에 맞는 우리말을 찾아 선으로 이으시오.
   1) お元気ですか   •   • 안녕하십니까?
   2) 行ってきます   •   • 천만에요
   3) いただきます   •   • 잘 먹겠습니다
   4) どういたしまして •   • 잘 주무세요.
   5) おやすみなさい   •   • 다녀오겠습니다

3. 우리말로 바꾸시오.
   1) すみません
   2) ありがとうございます
   3) しつれいします
   4) さようなら
   5) 気を つけて ください

새단어

しつれいします   실례합니다.

제1과

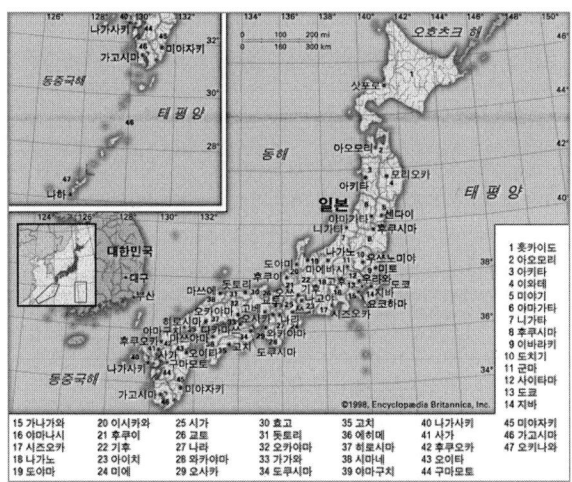

국명: 일본(니혼, 니뽄)
면적: 377,435 sq km
인구: 1억 2700만명
수도: 도쿄(인구 8백만)
언어: 일본어
종교: 신도, 불교, 기독교
정체: 입헌군주국

　　일본을 아는 가장 좋은 방법은 편견을 없애고 다가가는 것이다. 한국인들의 경우, 일본에 대해서는 특히 역사적, 지리적, 그리고 사회 문화적 현상에 의해 편협 된 사고경향이 있고, 올바른 가치관이 정립되어 있지 못한 것도 사실이다. 나아가 정형화된 예의범절을 가진 일본인과 때로 술 몇 잔을 같이 마시고 난 뒤 솔직하게 떠드는 일본인 사이에서, 그리고 지나칠 정도로 청결한 백화점에서, 사람을 놀라게 하는 시골 축제까지, 누구나 일본에 대한 자신만의 환상도 가지고 있다. 하지만 여러 나라 중에서 겉모습만으로 잘못 인식하기 쉬운 나라중의 하나가 일본일지도 모른다. 일본을 여행하든, 문화 탐방이나 교류, 뭘 하든지 열린 마음으로, 있는 그대로의 일본을 느낄 준비를 하고 일본에 가는 것이 중요할 것이다.

Memo

제2과

はじめまして
처음 뵙겠습니다.

학습 Point

1. 자기소개

2. 인칭대명사

3. 명사의 긍정「~です」

4. 명사의 의문「~ですか」

5. ~と 申します

제2장 실용회화 및 문법

기본회화

田中：はじめまして、田中です。

　　　どうぞよろしく。

金　：はじめまして。

　　　私は 金と 申します。

　　　こちらこそ どうぞ よろしく

田中：私の 名刺です。どうぞ。

金　：あ、どうも ありがとう。

> **해석**

다나카 : 처음 뵙겠습니다. 다나카입니다.
          잘 부탁드립니다.
김   : 처음 뵙겠습니다.
          저는 김이라고 합니다.
          저야말로 잘 부탁드리겠습니다.
다나카 : 제 명함입니다. 받으시죠.
김   : 아, 감사합니다.

> **단어정리**

はじめまして	처음 뵙겠습니다	~と申(もう)します	~ 라고 합니다
私(わたし)	나, 저	こちらこそ	저야말로
~は	~ 은, 는	~の	~ 의
~です	~ 입니다	名刺(めいし)	명함
どうぞ	아무쪼록, 부디	どうぞ	받으세요.
よろしく	잘 (부탁합니다)의 준말		
金(キム)	김(성)		

제2장 실용회화 및 문법

학습사항

◉ 대명사

사람이나 사물의 이름을 말하지 않고 직접 가리켜서 말하는 단어를 대명사라 한다. 여기에는 사람을 가리켜서 말하는 인칭대명사와, 사물 장소 방향을 가리켜 말하는 지시대명사가 있다.

인칭대명사

1 인칭	2 인칭	3 인칭				
나, 저 わたくし わたし(私) ぼく(僕) おれ	당신, 너 あなた おまえ きみ(君)	이 사람 この ひと(人) 이 분 この かた(方)	그 사람 その ひと 그 분 その かた	저 사람 あの ひと 저 분 あの かた	어느 사람 どの ひと 어느 분 どの かた	
우리들 わたしたち				그 かれ(彼) 그녀 かのじょ(彼女)	누구 だれ 어느 분 どなた	

① **わたし(私), わたくし**

1인칭 대명사로 '나'를 나타낸다. 'ぼく(僕)', 'おれ(俺)'는 남자들이 사용하는 1인칭 대명사이다.

② **あなた**

2인칭 대명사로 '당신' '여보'를 나타내며, 손아래 사람이나 친한 사이에 주로 쓰인다. 'おまえ(お前)' 'きみ(君)'는 주로 남자가 사용하는 말로, 친구나 아랫사람에게 사용한다.

③ ひと(人)
사람을 나타내는 말(~사람)이다.

④ かた(方)
경의를 나타내는 사람을 가리키는 말(~분)이다.

⑤ だれ(誰) / どなた
누구(だれ)의 공손한 말이 어느 분(どなた)이다.

◉ はじめまして
처음 만났을 때 하는 말로 처음 뵙겠습니다의 뜻.

◉ ~は
우리말의 '~은, ~는'에 해당하는 조사로, 명사 뒤에 접속한다.
예) 金(キム)さんは 韓国人(かんこくじん)です。
　　田中さんは 日本人(にほんじん)ですか。

◉ 긍정과 의문 표현

① 명사의 긍정 + '~です'
우리말의 '~입니다'의 정중한 표현을 나타낸다.
예) 私の かばんです。(나의 가방입니다.)
　　あなたは 先生です。(당신은 선생님입니다.)

제2장 실용회화 및 문법

학습사항

① **명사의 의문 + '~ですか'**
우리말 '~입니까?'에 해당하며, 정중한 의문의 표현을 나타낸다. 그러나 일본어에서는 의문부호 '?'를 쓰지 않고 '。(구점)' 부호로 문장을 마친다는 것을 알아두자.
예) 金^{キム}さんの 本^{ほん}ですか。(김씨의 책입니까?)
　　佐藤さんは だれですか。(사토씨는 누구입니까?)

◉ **~と 申します**
'~라고 합니다'의 뜻으로 공손하게 자신의 이름을 소개할 때 쓰는 표현이다.

◉ **の**
'~の'는 '~의'라는 뜻으로 명사와 명사를 연결할 때 쓰는 조사다.

◉ **どうぞ**
부탁이나 소망을 나타내는 말로 제발, 부디, 아무쪼록의 뜻이다. 여기서는 '받으세요'라는 뜻으로, 허가나 승낙을 나타낸다.
예) 失礼します。- はい、どうぞ。(실례합니다 - 예, 어서오세요)

응용회화

A : 失礼ですが、お名前は なんですか。

B : 佐藤 まゆみです。

A : お国は。

B : 日本です。

A : では、佐藤さんは 留学生ですか。

B : はい、そうです。

제2장 실용회화 및 문법

회화 연습

A : あなたの お名前は なんですか。

B : わたしの _____

A : お国は。

B : 国は _____ です。

　보기　韓国(かんこく) 日本(にほん) 中国(ちゅうごく)

　　　　　しょくぎょう
A : あなたの 職業は 何ですか。

B : 私は _____ です。

　보기　会社員(かいしゃいん), 公務員(こうむいん), 医者(いしゃ), 主婦(しゅふ)

단어정리

(失礼)しつれいですが	실례입니다만	はい	예(긍정의 대답)
お名前(なまえ)	이름	そうです	그렇습니다
何(なん)ですか	무엇입니까?	会社員(かいしゃいん)	회사원
お国(くに)	나라, 국가	公務員(こうむいん)	공무원
~さん	~씨, ~님	医者(いしゃ)	의사
留学生(りゅうがくせい)	유학생	主婦(しゅふ)	주부

1. 다음의 주어진 단어를 예와 같이 바꾸시오.

> 보기   イーさん、韓国人(かんこくじん)
> → イーさんは 韓国人です。

1) 佐藤(さとう)さん、日本人
➡ _____

2) 金さん、先生
➡ _____

3) あなた、大学生
➡ _____

4) 私、教師(きょうし)
➡ _____

5) 鈴木さん、医者(いしゃ)
➡ _____

2. 자기소개를 해 봅시다.

はじめまして。

_____ と 申します。

どうぞ _____。

제2장 실용회화 및 문법

3. 다음 말을 일본어를 쓰시오.

1) 처음 뵙겠습니다
→ _____

2) 저야말로 잘 부탁합니다
→ _____

3) 저는 대학생입니다
→ _____

4) 이름은 무엇입니까
→ _____

5) 예, 그렇습니다.

새단어	
韓国人(かんこくじん)	한국인
日本人(にほんじん)	일본인
大学生(だいがくせい)	대학생
教師(きょうし)	교사

일본문화 - 일본의 주택

일본식 응접실은 자시키(座敷)라고 하는데 여기에 꽃꽂이. 조각 등을 진열해 놓으며 장식품과 예술품을 거는 도고노마(床の間:とこのま)가 딸려있다. 도코노마(床の間)란 서화를 걸거나 화병이나 장식물을 놓기 위해 바닥을 한단 높여 놓은 곳으로, 좌식형 일본 가옥에서는 빼놓을 수 없는 실내 장식이다. 기원은 무로마치시대 일본의 전통 예술인 다도, 꽃꽂이, 노, 하이쿠등의 양식이 확립되던 시기로, 특히 다도에서는 도코노마를 손님을 맞이하는 곳으로 이용하면서, 실내 장식도 엄밀히 제한하였다. 즉 도코노마는 전통적인 분위기로 문학적인 의미를 지녀야만 했으며, 서로 관련되어 하나의 이야기로 이어지는 공간을 연출하고 성스러우며 상징적인 공간으로서의 의미를 강조했다.

도코노마

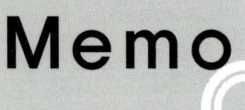

제3과

あれは 何(なん)ですか。
저것은 무엇입니까?

학습 Point

1. 지시어 「こ・そ・あ・ど」

2. 사물의 지시대명사

3. 긍정문 ~です.

4. 부정문 ~ではありません

제2장 실용회화 및 문법

기본 회화

田中 : ミヒさん、すみませんが、それは 何ですか。

ミヒ : これですか。これは ハングルの 辞書です。

田中 : あれも 辞書ですか。

ミヒ : あ、あれは 辞書ではありません。
　　　雑誌です。

田中 : 日本語の 辞書は どれですか。

ミヒ : これです。

해석

다나카 : 미희씨, 미안합니다만, 그것은 무엇입니까?

미희 : 이것 말입니까? 이것은 한글사전입니다.

다나카 : 저것도 사전입니까?

미희 : 아, 저것은 사전이 아닙니다.

　　　　잡지입니다.

다나카 : 일본어 사전은 어느 것이죠?

김 : 이것입니다.

단어정리

あのう	저어-	本(ほん)	책
すみませんが	미안합니다만	あれ	저것
これ	이것	そうですか	그렇습니까?
それ	그것	じゃありません	~이(가) 아닙니다.
日本語(にほんご)	일본어	韓国語(かんこくご)	한국어
~も	~도	どれ	어느 것
何(なん)	무엇		

학습사항

◉ 지시대명사의 「こ・そ・あ・ど」 용법

사물 장소 방향을 가리켜 말하는 지시대명사로, 우리말의 지시대명사 (이・그・저・어느)에 해당한다.

사물을 가리킬 때	これ (이것)	それ (그것)	あれ (저것)	どれ (어느것)
방향을 가리킬 때	こちら (이쪽)	そちら (그쪽)	あちら (저쪽)	どちら (어느쪽)
	こっち	そっち	あっち	どっち
장소를 나타낼 때	ここ (여기)	そこ (거기)	あそこ (저기)	どこ (어디)

① 「こ」(근칭)
말하는 사람과 가까이 있는 것을 가리킬 때 사용한다.

② 「そ」(중칭)
듣는 이(상대방)에게 가까이 있는 것을 가리킬 때 사용한다.

③ 「あ」(원칭)
말하는 사람과 듣는 사람으로부터 멀리 떨어져 있는 것을 가리킬 때 사용한다.

④ 「ど」(부정칭)
확정되지 않은 것을 가리킬 때 사용한다.

● 연체사

| 명사를 수식할 때 | この(이) | その(그) | あの(저) | どの(어느) |

この(이) その(그) あの(저) どの(어느) 뒤에 오는 명사를 수식한다.
예) この ほん (이 책)
  その かばん (그 가방)
  あの しんぶん (저 신문)
  どの めがね (어느 안경)

● あのう すみませんが

상대방에게 말을 걸거나 질문할 때 사용 하는 말로 '저, 미안합니다만' '저, 죄송합니다만'에 해당한다.
예) あのう すみませんが、駅(えき)は どこですか。
  (저어, 미안합니다만, 역은 어디입니까?)
  あのう すみませんが、銀行(ぎんこう)は あそこですか。
  (저어, 죄송합니다만, 은행은 저곳입니까?)

● 명사 +부정문

정중형「~です」의 부정형은「~で(は)ありません/ ~이(가)아닙니다」이다. 「は」는 강조를 나타낸다. 보통 일상회화에서는「では」의 준말「じゃ」로 사용하며, 흔히「~ じゃありません」이라고 한다.
예) あれは くつですか。(저것은 신발 입니까?)
  → いいえ、あれは くつではありません。
    (아니요, 저것은 신발이 아닙니다.)

제2장 실용회화 및 문법

학습사항

それは かさですか。(그것은 우산입니까?)
→ いいえ、これは かさじゃありません。
   (아니요, 이것은 우산이 아닙니다.)

◉ 「の」의 용법

일본어에서는 명사와 명사 사이에는 반드시「の」가 들어가야만 한다.

① 소유나 소속을 나타내는 조사로 '~의' 라는 뜻으로 사용한다.

예) 私(わたし)の えんぴつ (내 연필)   소유

   学校(がっこう)の 先生(せんせい) (학교 선생님)   소속

②「の」가 동격을 나타내는 경우에는 '~인, ~와' 같은 뜻으로 쓰인다.

예) 友達(ともだち)の 田中さん (친구인 다나카씨)

   雀(すずめ)の 小鳥(ことり) (참새와 같은 작은 새)

◉ 何(なん, なに)

이름이나 실체를 알 수 없는 사물을 가리키는 말로 '무엇' 이라는 뜻이다.
상황에 따라 なん과 なに로 읽는다.

1) 뒤에 오는 단어의 첫 자음이 /t/ /d/ /n/ 일 때는 보통 なん이 된다.
   예) 何(なん)ですか, 何(なん)と, 何(なん)の

2) 그 외의 경우는 なに가 된다.
   예) 何(なに)が, 何(なに)を

3) 단, '몇'으로 해석되는 경우는 なん이 되고, '무슨'으로 해석되는 경우는 모두 なに가 된다. 예외적으로 '무슨 요일'은 항상 なんようび(何曜日)로 읽는다.
   예) 何時(なんじ), 何人(なんにん), 何色(なにいろ)

◉ ~の です

명사와 명사를 연결하는 '~の' 뒤에 명사가 오지 않고 다른 조사가 오거나 '~です'가 오면 '~의' 뜻이 아니라 '~의 것'이라는 뜻이 된다.
따라서, 'だれの ですか'는 '누구의 입니까'가 아니라 '누구의 것입니까' 라는 뜻이 된다.

응용회화

A : あれは だれの 本ですか。

B : ミヒさんの 本です。

A : あ、そうですか。
では、この 眼鏡は。

B : あ、それは ミヒさんの 眼鏡じゃありません。
田中さんのです。

A : では、この ハンカチは。

B : それは 私のです。

회화 연습

> 보기 나의 것/ 本(ほん) 雑誌(ざっし) 辞書(じしょ)
> 나의 것이 아닌 것/ ボールペン, ノート, 鉛筆(えんぴつ)

A : _____ は あなたの ですか。

B : はい、_____ は、わたしの です。

A : ボールペン(ノート、えんぴつ)は あなたの ですか。

B : いいえ、_____

단어정리

眼鏡(めがね)	안경
では	그럼, 그렇다면
ハンカチ	손수건
物(もの)	물건
雑誌(ざっし)	잡지
辞書(じしょ)	사전
鉛筆(えんぴつ)	연필

제2장 실용회화 및 문법

1. 주어진 단어를 보기와 같이 바꾸시오.

   보기   それは ノートです。

   1) これ 靴(くつ)
   2) あれ 時計(とけい)
   3) それ 雑誌(ざっし)
   4) これ 本

2. 다음 _____ 안에 적당한 지시대명사를 넣으시오.

   1) A : これは 何ですか。
      B : _____ は えんぴつです。
   2) A : それは 何ですか。
      B : _____ は かばんです。
   3) A : あれは 何ですか。
      B : _____ は です。

제3과

3. 다음 ＿＿ 친 부분을 보기와 같이 바꾸시오.

> 보기　これは えんぴつですか。
> 　　　 いいえ, それは えんぴつではありません。ボールペンです。

1) これ / 本 → それ / 辞書

2) あれ / かばん → あれ / 時計

3) それ / 車 → これ / 自転車

4_ 다음을 일본어로 작문하시오.

1) 저것은 누구의 가방입니까?

2) 이것은 책이 아닙니다. 잡지입니다.

3) 일본어 책은 어느 것입니까?

4) 미안합니다만, 그것은 잡지가 아닙니다.

5) 나의 안경은 이것이 아닙니다.

새단어			
靴(くつ)	구두	かばん	가방
本(ほん)	책	えんぴつ	연필
ノート	노트	ボールペン	볼펜
時計(とけい)	시계		

제2장 실용회화 및 문법 • 79

제2장 실용회화 및 문법

일본여행 경비

　　일본은 아마 세계에서 가장 여행 경비가 많이 드는 나라일 것이다. 그러나 경비를 최소한으로 줄일 수 있는 방법들도 몇 가지 있다. 가장 싼 호텔에서 묵고 간소하게 식사하며 짧은 거리를 여행하는 최소한의 경비는 대략 US$ 50이다. 간식이나 음료수, 입장료 그리고 약간의 오락 거리를 즐기려면 US$ 10 정도를 추가한다. 일본 스타일 여관이나 비즈니스 호텔에서 묵고 식당에서 식사를 하려면 US$ 100 정도는 들 각오를 해야 한다. 일본에서 장거리 여행은 엄청난 돈이 들기 때문에 짧은 시간 안에 멀리 떨어진 장소들을 여행하려면 철도 패스를 사는 편이 좋다.

　　현금이나 여행자 수표는 외국환을 바꾸어주는 은행이나 커다란 호텔이나 상점에서 바꿀 수 있다. 미국 달러는 환전에 전혀 무리가 없지만 한국 돈은 환전 해주지 않는다. 일본에서는 팁이나 흥정을 하는 습관이 별로 없다. 다른 사람에게 사의를 표하려면 돈으로가 아니라 선물로 주는 것이 좋다. 흥정은 아키하바라 같은 커다란 전기 상가에서만 가능하며, 정중하게 요구하면 대략 10% 정도 값을 깎아 주기도 한다.

　　저렴한 현지 식사: US$ 5-8
　　중급 레스토랑의 식사: US$ 12-25
　　고급 레스토랑의 식사: US$ 30-7
　　저렴한 숙소 : US$ 18-25
　　중급 호텔 : US$ 35-70
　　고급 호텔 : US$ 100-200

제4과

図書館は どこですか。
도서관은 어디 입니까?

 학습 Point

1. 장소 지시대명사

2. 방향 지시대명사

제2장 실용회화 및 문법

 기본회화

鈴木(すずき)：あのう、すみませんが、図書館(としょかん)は どこですか。

朴(パク)　：図書館ですか。図書館は あの 建物(たてもの)です。

鈴木(すずき)：あ、あの 右側(みぎがわ)の 建物ですね。

　　　　　　どうも ありがとう。

해석

스즈키 : 저어, 미안합니다만.

　　　　도서관은 어느 쪽입니까?

박　　 : 도서관 말입니까?

　　　　도서관은 저 건물입니다.

스즈키 : 아, 저 오른편 건물 말이군요. 고맙습니다.

단어정리

図書館(としょかん)	도서관
建物(たてもの)	건물
右側(みぎがわ)	오른편
ありがとう	고맙습니다

제2장 실용회화 및 문법

학습사항

◉ 명사 + は どこですか。 / ~은 어디 입니까?
　명사 + は どちらですか。 / ~은 어느 쪽 입니까?

불확실한 의문의 표현으로 장소가 어디인지 모를 때 묻는 표현이다.
예) トイレは どこですか。(화장실은 어디입니까?)
　　→ あそこです。(저기입니다.)

　　　　ゆうびんきょく
　　郵便局は どちらですか。(우체국은 어느 쪽 입니까?)
　　　　　　　　　　ぎんこう
　　→ あの 銀行の となりの 建物です。(저 은행 옆 건물입니다.)

◉ 방향을 나타내는 말
위치를 나타내는 단어 앞에는 언제나 '~の'와 함께 쓰인다.

　　　　　　　みぎがわ
① 명사 + の + 右側(명사+~오른편)
　　　　ぎんこう みぎがわ
　예) 銀行の 右側です。(은행 오른편입니다.)

　　　　　　　ひだりがわ
② 명사 + の + 左側(명사+~왼편)
　　　　こうえん ひだりがわ
　예) 公園の 左側です。(공원 왼편입니다.)

　　　　　　　まえ
③ 명사 + の + 前(명사+~앞)
　　　　びょういん まえ
　예) 病院の 前です。(병원 앞입니다.)

④ 명사 + の + 後ろ (명사+~뒤)

　예) 食堂の 後ろです。(식당 뒤입니다.)

⑤ 그 외

　위(쪽)　　　　　上(うえ)
　아래(쪽)~　　　下(した)
　건너편(맞은편)　向う(むこう)
　옆　　　　　　 横(よこ), 隣り(となり)
　안　　　　　　 中(なか)
　한가운데　　　 真ん中(まんなか)
　밖　　　　　　 外(そと)

◉ ~ですね

상대방에게 동의를 구하거나 확인을 할 때 사용하는 표현으로 우리말 '~지요' 또는 '~맞지요'에 해당한다. 억양은 의문문과 같이 말끝을 올린다.

　예) 駅は あちらですね。 (역은 저쪽이지요)
　　　キムさんの さいふですね。 (김씨의 지갑 맞지요)

제2장 실용회화 및 문법

응용회화

A : あのう、すみませんが、郵便局(ゆうびんきょく)は どちらですか。

B : 郵便局ですか。

A : はい。

B : ええと、あ、あの 薬屋(くすりや)の 右側(みぎがわ)です。

A : どうも ありがとうございます。

B : いいえ、どういたしまして。

제4과

회화 연습

A : 失礼ですが、＿＿＿＿＿は どこですか。
B : ＿＿＿＿＿です。

本屋 - あそこ

花屋 - 向う側

靴屋 - 後ろ

魚屋 - 隣り

단어정리

薬屋(くすりや)	약국
郵便局(ゆうびんきょく)	우체국
本屋(ほんや)	책방
花屋(はなや)	꽃집
靴屋(くつや)	구두 가게
魚屋(さかなや)	생선가게

제2장 실용회화 및 문법

1. 다음 보기와 같이 대답하시오.

보기	ここは どこですか。(銀行)
	→ 銀行です。

1) あそこ(教室〈きょうしつ〉)
→ _____

2) そこ(事務室〈じむしつ〉)
→ _____

3) ここ(図書館〈としょかん〉)
→ _____

4) そこ(トイレ)
→ _____

5) あそこ(レストラン)
→ _____

2_ 그림을 보고 물음에 답하시오.

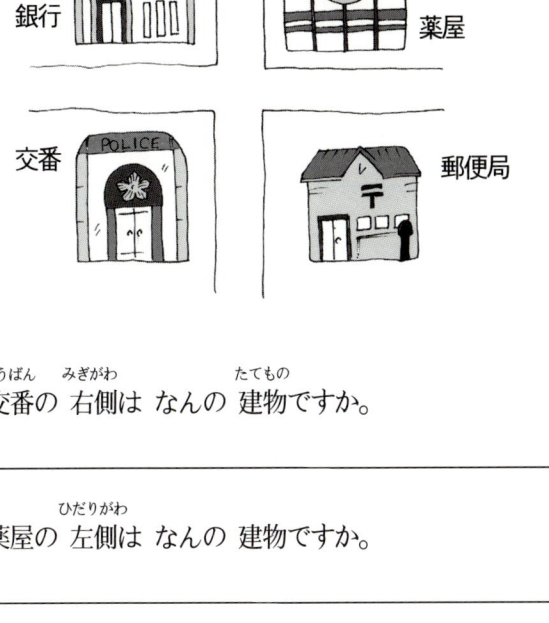

こうばん　みぎがわ　　　　たてもの
1) 交番の 右側は なんの 建物ですか。

➡ _____

ひだりがわ
2) 薬屋の 左側は なんの 建物ですか。

➡ _____

むこ　がわ
3) 郵便局の 向う側の 建物は なんですか。

➡ _____

4) 交番の 向う側の 建物は なんですか。

➡ _____

제2장 실용회화 및 문법

3_ 다음 문장을 일본어로 작문 하시오.

1) 식당은 어느 쪽 입니까?
   ➡ _____

2) 은행 뒤편은 사무실입니다.
   ➡ _____

3) 우체국 오른쪽이 은행입니다.
   ➡ _____

4) 도서관은 어느 쪽입니까?
   ➡ _____

5) 역 건너편 건물은 무엇입니까?
   ➡ _____

새단어

教室(きょうしつ)	교실
銀行(ぎんこう)	은행
事務室(じむしつ)	사무실
図書館(としょかん)	도서관
トイレ	화장실
交番(こうばん)	파출소
向こう側(むこうがわ)	건너편

제5과

今 何時ですか。
지금 몇 시입니까?

학습 Point

1. 수 읽기

2. 시각 표현법

제2장 실용회화 및 문법

기본 회화

金(キム) : 今(いま) 何時(なんじ)ですか。

田中(たなか) : 9時(くじ) 5分(ごふん) 前(まえ)です。

金 : 田中さん、日本(にほん)の 郵便局(ゆうびんきょく)は 何時(なんじ)から

何時までですか。

田中 : 午前(ごぜん) 9時から 午後(ごご) 5時までです。

韓国(かんこく)は どうですか。

金 : 韓国(かんこく)も そうです。

해석

김　　　: 지금 몇 시 입니까?

다나카 : 9시 5분 전 입니다.

김　　　: 다나카씨, 일본의 우체국은 몇 시까지 입니까?

다나카 : 오전 9시부터 오후 5시까지입니다.

　　　　　한국은 어떻습니까?

김　　　: 한국도 그렇습니다.

단어정리

~ から	~ 부터
今(いま)	지금
何時(なんじ)	몇 시
~ まで	~ 까지
午前(ごぜん)	오전
午後(ごご)	오후
前(まえ)	전 / 앞
韓国(かんこく)	한국

제2장 실용회화 및 문법

학습사항

◉ **시각 표현법**

① **수 읽기**

1	いち	100	ひゃく	1,000	せん	10,000	いちまん
2	に	200	にひゃく	2,000	にせん	20,000	にまん
3	さん	300	さんびゃく	3,000	さんぜん	30,000	さんまん
4	し(よん)	400	よんひゃく	4,000	よんせん	40,000	よんまん
5	ご	500	ごひゃく	5,000	ごせん	50,000	ごまん
6	ろく	600	ろっぴゃく	6,000	ろくせん	60,000	ろくまん
7	しち(なな)	700	ななひゃく	7,000	ななせん	70,000	ななまん
8	はち	800	はっぴゃく	8,000	はっせん	80,000	はちまん
9	く(きゅう)	900	きゅうひゃく	9,000	きゅうせん	90,000	きゅうまん
10	じゅう	1000	せん	10,000	いちまん	100,000	じゅうまん
0	れい, ゼロ						

② 시(時), 분(分) 읽기

시(時)	분(分)
1時　いちじ	1分　いっぷん
2時　にじ	2分　にふん
3時　さんじ	3分　さんぷん
4詩　よじ	4分　よんぷん
5時　ごじ	5分　ごふん
6時　ろくじ	6分　ろっぷん
7時　しちじ	7分　ななふん
8詩　はちじ・	8分　はっぷん
9時　くじ・	9分　きゅうふん
10時　じゅうじ	10分　じゅっぷん
11時　じゅういちじ	30分　さんじゅっぷん
12時　じゅうにじ	半(はん)

◉ ~から ~まで

~から(~부터, ~에서)는 시각이나 공간의 시작 (동작, 작용의) 출발기점을 나타낸다. ~まで (~까지)는 한계를 나타낸다.
예) ソウルから ブサンまで　　서울에서 부산까지
　　午前 12時から 午後7時まで　오전 12시부터 오후 7시까지

제2장 실용회화 및 문법

학습사항

◉ **どうですか**

어떻습니까? / 어때요? 의 뜻으로 준말은 どうだ. 상대방의 생각, 의견, 기분, 상태 등을 묻는 표현이다.
예) 5時は どうですか。 5시는 어때요?
　　金さんは どうですか。 김씨는 어떻습니까? /어떻게 생각하십니까?
　　참고표현 : いかがですか。

◉ **시(時)**

1. 한자 음으로 읽힐 때
　　時(じ)/ 시, 시각
예) 時間(じかん)시간

2. 한자 뜻으로 읽힐 때
　　時(とき)/ 때, 시대, 시기
예) その 時(とき) 그 때, 時(とき)の ながれ 시대의 흐름

3. 時々(ときどき) 가끔, 때때로
예) 時々雨(あめ) 가끔 비

◉ **시간관련 단어**

朝(あさ)　아침
昼(ひる)　점심‥
夜(よる)　밤
夕方(ゆうがた)　저녁

응용회화

A : すみませんが、今 何時ですか。

B : ちょうど、3時ですね。

A : そうですか。では、市立(しりつ)図書館は 何時までですか。

B : 午後 5時までです。

제2장 실용회화 및 문법

회화 연습

> 보기　은행　/ 오전 9시 - 오후 4시
> 　　　도서관 / 오전 9시 - 오후 8시

A : 銀行は 何時からですか。

B : 図書館は 何時からですか。

A : 銀行は 何時までですか。

B : 図書館は 何時までですか。

단어정리

ちょうど	정확히, 딱(마침)
市立図書館(しりつとしょかん)	시립도서관
銀行(ぎんこう)	은행

1_ 다음 숫자를 일본어로 읽으시오.

1) 3,592 ➡ _____

2) 6,980 ➡ _____

3) 4,600 ➡ _____

4) 3,286 ➡ _____

5) 7,041 ➡ _____

2_ 다음 시계 그림에 따라 보기와 같이 연습하시오.

| 보기 | A : すみませんが, 今 何時ですか。
B : いちじ にじゅっぷんです。 |  |

1) A : 今 何時ですか。
   B : ➡ _____

2) A : 今 何時ですか。
   B : ➡ _____

3) A : 今 何時ですか。
   B : ➡ _____

4) A：今 何時ですか。

   B：➡ _____

5) A：今 何時ですか。

   B：➡ _____

3_ 다음의 보기와 같이 말하시오.

> 보기　学校、午前 9時 ~ 午後 5時
> 　　　学校は 午前 9時から 午後 5時までです。

1) 会社、朝 8時 半 ~ 午後 6時

   B：➡ _____

2) スーパー、午前 10時 ~ 午後 10時

   B：➡ _____

3) コンビ、24時間 営業

   B：➡ _____

4) サッカー練習、昼 ~ 夕方

   B：➡ _____

5) アルバイト、午後 5時 ~ 夜 11時

   B：➡ _____

6) ランチタイム、午前 12時 ~ 午後 2時。

　　B： ➡ _____

7) 銀行、午前 9時 ~ 午後 4時。

　　B： ➡ _____

새단어

会社(かいしゃ)	회사
スーパー	수퍼마켓
コンビニ	편의점
サッカー	축구
練習(れんしゅう)	연습
アルバイト	아르바이트
営業(えいぎょう)	영업
ランチタイム	런치타임
銀行(ぎんこう)	은행

제2장 실용회화 및 문법

일본여행 - 동경에서 지하철 타기

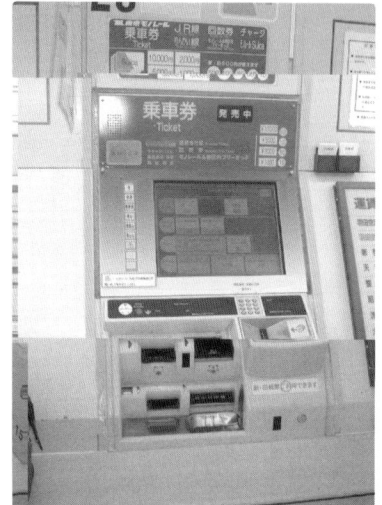

동경지하철 자동표 판매기

1. 목적지를 선택한다.
2. 왼쪽에 있는 사람 이미지 그림을 명수에 맞게 선택한다.
3. 요금을 투입한다.(지폐, 동전 모두 가능)
4. 지하철 티켓을 받는다.

동경 지하철역에는 그 지하철역을 상징하는 스탬프가 있다.
시간이 난다면 가져간 노트 등에 동경의 흔적을 남겨오는 것도 기념이 될 수 있다.

제6과

きょうは 何月 何日ですか。
なんがつ なんにち

오늘은 몇월 며칠 입니까?

학습 Point

1. 날짜 표현법

2. 요일 표현법

기본회화

鈴木(すずき)：李(イー)さん、今日(きょう)は 何月(なんがつ) 何日(なんにち)ですか。

李：今日は 5月(ごがつ) 6日(むいか)です。

鈴木：金(キム)さんの お誕生日(たんじょうび)は いつですか。

李：彼(かれ)の お誕生日は 5月 8日(ようか)です。

鈴木：今日は 5月 6日、木曜日(もくようび)ですから,

　　　そしたら 金さんの お誕生日は あさっての

　　　土曜日(どようび)ですね。

해석

스즈키 : 이상, 오늘은 며칠입니까?

이 : 오늘은 5월 6일 입니다.

스즈키 : 김상의 생일은 언제 입니까?

이 : 그의 생일은 5월 8일 입니다.

스즈키 : 오늘은 5월 6일, 목요일이니까, 그렇다면 김상의 생일은 모레 토요일이군요.

단어정리

誕生日(たんじょうび)	생일
いつ	언제
彼(かれ)	그
今日(きょう)	오늘
何日(なんにち)	며칠
木曜日(もくようび)	목요일
そしたら	그러면, 그렇다면
あさって	모레

제2장 실용회화 및 문법

학습사항

◉ 날짜

① 달(月) 읽기

1月	2月	3月	4月	5月	6月
いちがつ	にがつ	さんがつ	しがつ	ごがつ	ろくがつ
7月	8月	9月	10月	11月	12月
しちがつ	はちがつ	くがつ	じゅうがつ	じゅういちがつ	じゅうにがつ

② 날짜 읽기

1일에서 10일까지와 20일과 14일, 24일은 고유한 읽기 방법이 있다. 11일부터는 숫자 읽는 법과 동일하다.

日曜日	月曜日	火曜日	水曜日	木曜日	金曜日	土曜日
	1日 ついたち	2日 ふつか	3日 みっか	4日 よっか	5日 いつか	6日 むいか
7日 なのか	8日 ようか	9日 ここのか	10日 とおか	11日 じゅういちにち	12日 じゅうににち	13日 じゅうさんにち
14日 じゅうよっか	15日 じゅうごにち	16日 じゅうろくにち	17日 じゅうしちにち	18日 じゅうはちにち	19日 じゅうくにち	20日 はつか
21日 にじゅういちにち	22日 にじゅうににち	23日 にじゅうさんにち	24日 にじゅうよっか	25日 にじゅうごにち	26日 にじゅうろくにち	27日 にじゅうしちにち
28日 にじゅうはちにち	29日 にじゅうくにち	30日 さんじゅうにち	31日 さんじゅういちにち			

③ 요일(曜日)

月曜日(げつようび) 월요일	火曜日(かようび) 화요일
水曜日(すいようび) 수요일	木曜日(もくようび) 목요일
金曜日(きんようび) 금요일	土曜日(どようび) 토요일
日曜日(にちようび) 일요일	何曜日(なんようび) 무슨요일

④ 년, 월, 주, 일 읽기

おととい (一昨日) 그저께	きのう (昨日) 어제	きょう (今日) 오늘	あした (明日) 내일	あさって (明後日) 모레
せんせんしゅう (先々週) 지지난 주	せんしゅう (先週) 지난 주	こんしゅう (今週) 이번 주	らいしゅう (來週) 다음 주	さらいしゅう (再來週) 다다음 주
せんせんげつ (先々月) 지지난 달	せんげつ (先月) 지난 달	こんげつ (今月) 이 달	らいげつ (來月) 다음 달	さらいげつ (再來月) 다다음 달
おととし (一昨年) 재 작년	きょねん (去年) 작년	ことし (今年) 올해	らいねん (來年) 내년	さらいねん (再來年) 내 후년

◉ ですから

'~이기 때문에'의 뜻으로 서술어가 끝난 다음에 から를 붙이면 이유를 나타낸다.

응용회화

A : 韓国の 夏休(なつやす)みは だいたい いつから いつまでですか。

B : だいたい 7月(しちがつ) 初旬(しょじゅん)から 8月(はちがつ) 下旬(げじゅん)までです。

A : 授業(じゅぎょう)は 何曜日(なんようび)から 何曜日(なんようび)までですか。

B : 火曜日から 金曜日までです。

제6과

회화 연습

A : きょうは 何月 何日ですか。
　　　　　　なんがつ なんにち

B : きょうは ＿＿＿＿＿＿＿＿＿＿＿＿＿＿です。

A : きのうは 何月 何日でしたか。

B : きのうは ＿＿＿＿＿＿＿＿＿＿＿＿＿でした。

A : きょうは 何曜日ですか。

B : きょうは ＿＿＿＿＿＿＿＿です。

A : きのうは 何曜日でしたか。

B : きのうは ＿＿＿＿＿＿＿＿でした。

단어정리

夏休(なつやす)み	여름방학
だいたい	대체로, 대개
初旬(しょじゅん)	초순
下旬(げじゅん)	하순

제2장 실용회화 및 문법

1_ 다음 일정표를 보고 답하시오.

1) アルバイトは 何曜日ですか。
→ _____

2) 買い物は いつですか。
→ _____

3) ミカさんと 映画の 約束は 何日ですか。
→ _____

4) ミカさんと 約束の 時間は 何時ですか。
→ _____

5) 母の 誕生日は いつですか。
→ _____

6) リナさんとの 約束は いつですか。
→ _____

7) こどもの 日は いつですか。
→ _____

2_ 일정표

日曜日	月曜日	火曜日	水曜日	木曜日	金曜日	土曜日
	1日 アルバイト	2日	3日 アルバイト	4日	5日 こどもの日	6日
7日	8日 奈良	9日 買い物	10日	11日	12日	13日
14日	15日	16日	17日	18日	19日	20日 ミカさんと 映画 午前12時
21日	22日	23日	24日 リナさんと約束, 午後2詩	25日	26日	27日
28日	29日 母の誕生日	30日	31日			

새단어

何月(なんがつ)	몇 월
こどもの 日(ひ)	어린이 날
~と	~와, ~과
買い物(かいもの)	장보기 / 쇼핑
約束(やくそく)	약속
映画(えいが)	영화

제2장 실용회화 및 문법

봄(3~5월)은 청명한 하늘과 벚꽃의 계절로 일본의 사계 중 가장 아름다운 계절이지만 연휴가 많은 탓에 대부분의 인기 있는 관광지들은 일본인 관광객들로 아주 혼잡하다.

가을(9~11월)은 여행하기 아주 좋은 계절로 온도도 기분 좋게 적당하며 야외의 단풍은 굉장히 아름답다.

한겨울(12~2월)은 매섭게 추운 반면 끈끈한 여름철(6~8월)은 잠시만 에어컨이 없이 다녀도 땀이 줄줄 흘러내릴 정도이다. 하지만 좋은 점으로 여름과 겨울에는 주요 관광지에 일반적으로 사람이 그리 많지 않다.

여행 계획을 짤 때 일본의 연휴를 피해시기를 정하는 것도 고려해 볼 만하다. 새해와 골든 위크(4월말에서 5월초), 그리고 한여름의 오봉 때에는 숙소를 잡거나 돌아다니는 것이 매우 힘들다

제7과

全部で おいくらですか。
전부 얼마입니까?

학습 Point

1. 조수사

2. 주문하기

기본 회화

店員(てんいん)　：いらっしゃいませ。ご注文(ちゅうもん) どうぞ。

朴(パク)　：チーズバーガー 一つと コーラ一つ、

　　　　それから コーヒーを 二つ ください。

店員　：はい、かしこまりました。

　　　　おさとうと ミルクは いかがですか。

朴(パク)　：はい、2つずつ おねがいします。

　　　　おいくらですか。

店員　：チーズバーガーが 450円(よんひゃくごじゅうえん)、コーラが 150円(ひゃくごじゅうえん)、

　　　　そして 220円(にひゃくにじゅうえん)の コーヒーが 二つですね。

　　　　全部(ぜんぶ)で 1040(せんよんじゅう)です。

제7과

> 해석

점원 : 어서오세요.. 주문하세요.

박 : 치즈버거 하나와 콜라 하나 그리고 커피를 둘 주세요.

점원 : 예, 알겠습니다.

　　　설탕과 프림은 어떻습니까?

박 : 예, 두 개씩 부탁합니다.

　　　얼마입니까?

점원 : 치즈버거가 450엔, 콜라가 150엔, 그리고 220엔의 커피가 둘,

　　　전부해서 1040엔입니다.

단어정리

いらっしゃいませ	어서 오십시오	さとう	설탕
注文(ちゅうもん)	주문	ミルク	밀크(프림)
~と	~와, ~과, ~하고	いかがですか	어떻습니까
チーズバーガー	치즈버거	ずつ	~씩
コーラ	콜라	おねがいします	부탁합니다
コーヒー	커피	おいくらですか	얼마입니까
それから	그리고, 또 그런 후	そして	그리고
ください	주세요, 주십시오.	ぜんぶ 全部で	전부, 모두(해서)
かしこまりました	알겠습니다 (わかりました의 경어)		

학습사항

● **どうぞ**

1. 상대방에게 무엇을 권하는 깍듯한 말. (어서, 사양 마시고)
예) お先(さき)に どうぞ
  사양 마시고 먼저 (하세요, 드세요, 가세요)

2. 부탁이나 희망의 뜻을 나타내는 말·(제발/부디/ 아무쪼록)
예) どうぞ よろしく(おねがいします)
  아무쪼록 잘 부탁드립니다.

● **~で : ~ 에, 합해서, ~ 로**

수량, 가격, 시간 등을 나타내는 말과 같이 쓰여서 한정이나 합계를 나타냄.
예) 二つで 두 개에 (예외 : 一つで 라는 표현은 쓰지 않는다.)
  全部で 전부(해서)
  きょうで 오늘로

● **いくつ**

いくつ는 '몇 개' 라는 뜻으로 수를 묻는 말이다. 기본적으로 물건의 개수를 셀 때는 우리말의 '하나 둘 셋...' 과 같이 일본어도 고유계의 수사를 쓴다.

● **ください**

くださいと는 '주세요, 주십시오' 의 뜻으로 정중한 부탁이나 명령을 나타낸다. 명사 뒤에 직접 붙기도 하고 조사와 같이 쓰이기도 한다.

'~을 주세요'는 '~を ください'라고 한다.

◉ ~で : ~에, 합해서, ~로

	一つ ~개 (고유어)	ま い 一枚 ~장	さつ 一冊 ~권	ほん 一本 ~자루 (가늘고 긴 물건)
1	ひとつ	いちまい	いっさつ	いっぽん
2	ふたつ	にまい	にさつ	にほん
3	みっつ	さんまい	さんさつ	さんぼん
4	よっつ	よんまい	よんさつ	よんほん
5	いつつ	ごまい	ごさつ	ごほん
6	むっつ	ろくまい	ろくさつ	ろっぽん
7	ななつ	ななまい	ななさつ	ななほん
8	やっつ	はいちまい	はっさつ	はちほん はっぽん
9	ここのつ	きゅうまい	きゅうさつ	きゅうほん
10	とお	じゅうまい	じ(ゅ)っさつ	じ(ゅ)っぽん
	いくつ 몇 개	何枚(なんまい) 몇 장	何冊(なんさつ) 몇 권	何本(なんぼん) 몇 자루

제2장 실용회화 및 문법

학습사항

◉ 메뉴「メニュー」

食べ物 (음식)		飲み物 (음식)	
パン	빵	オレンジジュース	오렌지주스
ハンバーガー	햄버거	お水 (みず)	물
ハンバーグ	햄버거 스테이크	牛乳 (ぎゅうにゅう)	우유
サンドイッチ	샌드위치	ココア	코코아
ケーキ	케익	緑茶 (りょくちゃ)	녹차
ピザ	피자	紅茶 (こうちゃ)	홍차
チキン	치킨	麦茶 (むぎちゃ)	보리차
サラダ	샐러드	ビール	백주
アイスクリーム	아이스크림	ワイン	와인

제7과

응용회화

A : いらっしゃいませ。

B : りんごは ひとつ いくらですか。

A : 100円です。

B : みかんは。

A : みかんは いつつで 300円です。

B : そしたら、りんご みっつと、
　　みかん いつつ ください。

A : 全部で 600円です。
　　ぶどうは いかがですか。

B : ぶどうは いいです。

A : はい、どうも。

제2장 실용회화 및 문법

회화 연습

> 보기　사과 하나 200원
> 　　　밀감 하나 100원
> 　　　바나나 1kg(キログラム)　500원

A　：　りんごは 一つ おいくらですか。
B　：　_____

A　：　バナナ 2kgで おいくらですか。
B　：　_____

A　：　ミカンは 三つで おいくらですか。
B　：　_____

A　：　全部 おいくらですか。
B　：　_____

단어정리

りんご	사과	そしたら	그렇다면
みかん	밀감	バナナ	바나나
ぶどう	포도	キログラム	킬로그램

第 7 과

1_ 아래 물음에 답하시오.

1) ボールペンは 3本で おいくらですか。(한 자루 200円)
   → _____

2) 絵本(えほん)は 5冊で おいくらですか。(한 권 800円)
   → _____

3) みかんは むっつで おいくらですか。(한 개 20円)
   → _____

4) 紙(かみ)は 8枚で おいくらですか。(한 장 30円)
   → _____

5) 切手(きって)は 2枚で おいくらですか。(한 장 90円)
   → _____

2_ 일본어로 작문하시오.

1) 모두해서 얼마입니까?
   → _____

2) 사과와 밀감을 하나씩 주십시오.
   → _____

3) 두 개에 300엔입니다.
   → _____

제2장 실용회화 및 문법

4) 종이 두장 부탁합니다.

　➡ _____

5) 빵 두 개와 우유를 주십시오.

　➡ _____

새단어		
	ボールペン	볼펜
	絵本(えほん)	그림책
	紙(かみ)	종이
	切手(きって)	우표

제7과

쉬어가기

일본여행 - 일본의 택시 내부

일본 여행을 하면서 놀라게 되는 것의 하나가 택시의 기본요금이다. 무려 660엔으로 우리나라로 치면 6600원이나 되는 높은 가격이다.

일본 택시의 특징은,

1. 문이 자동문이다. 손님이 택시를 잡으면 자동으로 차 문이 열리고, 내부로 들어오면 자동으로 닫힌다. 실수로 먼저 닫지 않도록 한다.
2. 우리나라와는 차선이 반대이므로 기사 분은 왼쪽에 앉아 있다.
3. 기사분 뒤에는 보호창이 있다.

Memo

제8과

何^{なんにん}人 家族ですか。
가족은 몇 명입니까?

학습 Point

1. 가족 명칭

2. 사람 수 세기

제2장 실용회화 및 문법

기본회화

キム： ご兄弟(きょうだい)は 何人(なんにん)ですか。

田中： 妹(いもうと)と 弟(おとうと)が 一人ずつ います。

キム： ご両親(りょうしん)と いっしょですか。

田中： はい、そうです。

　　　 キムさんは。

キム： 私は 兄(あに)が 二人(ふたり) います。

 해석

김　　 : 형제는 몇 명입니까?

다나카: 여동생과 남동생이 한 명씩 있습니다.

김　　 : 부모님과 함께 입니까?

다나카: 예, 그렇습니다.

　　　　김상은?

김　　 : 저는 형이 두 명 있습니다.

단어정리

兄弟(きょうだい)	형제	弟(おとうと)	남동생
一人(ひとり)	한 명	ご兩親(りょうしん)	부모님
ずつ	~ 씩	いっしょ	함께
います	있습니다.	でも	그렇지만
何人(なんにん)	몇 명	二人(ふたり)	두 명
妹(いもうと)	여동생		

제2장 실용회화 및 문법

학습사항

● 가족(家族^{かぞく}) 명칭

일본어에서는 타인의 가족을 칭할 때와 타인에게 자신의 가족을 칭할 때를 구분해서 사용한다는 점에 유의한다.

	타인의 가족	나의 가족
할아버지	お祖父さん (じい)	祖父 (そふ)
할머니	お祖母さん (ばあ)	祖母 (そぼ)
아버지	お父さん (とう)	父 (ちち)
어머니	お母さん (かあ)	母 (はは)
형, 오빠	お兄さん (にい)	兄 (あに)
누나, 언니	お姉さん (ねえ)	姉 (あね)
남동생	弟さん (おとうと)	弟 (おとうと)
여동생	妹さん (いもうと)	妹 (いもうと)
아들	息子さん (むすこ)	息子 (むすこ)
딸	娘さん (むすめ)	娘 (むすめ)
남편	ご主人 (しゅじん)	主人 (しゅじん)
아내	奥さん (おく)	妻 (つま)
손주	お孫さん (まご)	孫 (まご)
부모	ご兩親 (りょうしん)	兩親 (りょうしん)

제8과

◉ 형제 서열

<ruby>長男<rt>ちょうなん</rt></ruby> 장남　　<ruby>次男<rt>じなん</rt></ruby> 차남　　<ruby>三男<rt>さんなん</rt></ruby> 삼남

<ruby>長女<rt>ちょうじょ</rt></ruby> 장녀　　<ruby>次女<rt>じじょ</rt></ruby> 차녀　　<ruby>三女<rt>さんじょ</rt></ruby> 삼녀

<ruby>末<rt>すえ</rt></ruby>っ<ruby>子<rt>こ</rt></ruby> 막내　　　　　　　<ruby>一人<rt>ひとり</rt></ruby>っ<ruby>子<rt>こ</rt></ruby> 외동

◉ 사람 수 세기

一人(ひとり)　한 명　　二人(ふたり)　두 명

三人(さんにん)　세 명　　四人(よにん)　네 명

五人(ごにん)　다섯 명　　六人(ろうにん)　여섯 명

七人(しちにん)　일곱 명　　八人(はちにん)　여덟 명

九人(きゅうにん) 아홉 명　　十人(じゅうにん)　열 명·

何人(なんにん)　몇 명, 몇 사람

◉ 'お' 와 'ご'

상대방이나 상대와 관련된 사항에는 존경을 나타내는 お나 ご를 붙인다. 보통 お는 일본 고유어에 붙이고 ご는 한자어에 붙이지만, 예외도 있다.

예) 일본 고유어 : お<ruby>名前<rt>なまえ</rt></ruby>(이름)　おうち(집)　お子さん(아이, 자녀)　お<ruby>手紙<rt>てがみ</rt></ruby>(편지)

　　한자어 : ご<ruby>家族<rt>かぞく</rt></ruby>(가족)　ご<ruby>主人<rt>しゅじん</rt></ruby>(남편)　ご<ruby>案内<rt>あんない</rt></ruby>(안내)

　　예외 : お<ruby>天気<rt>てんき</rt></ruby>(날씨)　お<ruby>料理<rt>りょうり</rt></ruby>(요리)　お<ruby>電話<rt>でんわ</rt></ruby>(전화)

제2장 실용회화 및 문법

응용회화

鈴木 : キムさん、それは 何ですか。

キム : 家族の 写真(しゃしん)です。

鈴木 : 何人家族ですか。

キム : 両親(りょうしん)と 妹、私の 四人 家族です。

鈴木 : 妹(いもうと)さんは 学生ですか。

キム : いいえ、彼女(かのじょ)は 社会人(しゃかいじん)です。

제8과

> 회화 연습

자신의 가족 소개를 해 봅시다.

A : あなたは 何人家族(なんにんかぞく)ですか。

B : _____

> 단어정리

| 何人家族(なんにんかぞく) | 몇 명 가족 |
| 社会人(しゃかいじん) | 사회인 |

제2장 실용회화 및 문법 · 131

제2장 실용회화 및 문법

1_ 다음 물음에 답하시오.

1) 学生は 何人ですか。　　　(4명)
→ _____

2) 警察官は 何人ですか。　　(2명)
→ _____

3) 子供は 何人ですか。　　　(3명)
→ _____

4) 女性は 何人ですか。　　　(10명)
→ _____

5) 男性は 何人ですか。　　　(1명)
→ _____

2_ 다음 보기와 같이 말해 보시오.

> 보기　　山田さんの 家族：父、母、妹
>
> → 山田さんの ご家族は お父さん、お母さん、妹さんの 4人 家族です

1) 木村さんの 家族：父、母、兄2人
→ _____

제8과

2) 中田さんの 家族：祖父、父、母、弟
   なかた   そふ   ちち はは おとうと

→ _____

3) 私の 家族

→ _____

3_ 다음을 일본어로 작문 하시오.

1) 저는 누나가 세 명 있습니다.

→ _____

2) 木村씨는 아버지, 어머니, 형이 한 명 있습니다.
   きむら

→ _____

3) 鈴木씨의 가족은 몇 명입니까?

→ _____

4) 당신은 몇 명 가족입니까?

→ _____

5) 남동생과 여동생이 있습니다.

→ _____

새단어

兩親(りょうしん)	양친, 부모님
警察官(けいさつかん)	경찰관
子供(こども)	아이

제2장 실용회화 및 문법

쉬어가기

일본문화 -엔기모노(縁起物)

일본인들은 일상의 다양한 바람과 행복, 재앙을 피하려는 기원을 엔기모노(縁起物)에 의지해 왔다. 미신, 주술처럼 보여지기도 하는데, 행운을 부르거나 재앙을 피하게 한다고 믿는 엔기모노를 옆에 놓아두거나 몸에 지니고 다닌다.

일본의 거리를 걷다보면 상점 앞에서 손님을 부르는 마네키네코(招き猫)를 만날 수 있고, 입시철이 되면 많은 학생들이 신사로 몰려가 합격의 기원을 에마(絵馬)에 적어서 바친다. 인기 있는 캐릭터로 만들어진 부적이나 각양각색의 마네키네코 등 유행에 따른 엔기모노도 등장하고 있다.

마네키네코(招き猫)
상점의 쇼윈도나 술집의 카운터 등에 놓여져 있는 인형 장식물. 손님을 부르는 것처럼 한 손을 들고 있는데 오른손을 들면 금전, 왼손을 들면 손님을 부른다고 한다.

오다후쿠(お多福)
오후쿠상(お福さん), 오카메(おかめ)라고도 불리며 액막이, 재난막이는 물론 각종 복을 불러들인다고 한다. 후쿠스케(副助)와 함께 갖추어 놓으면 부부사이가 원만해진다는 길조의 상징물이다.

第9과

日本語(にほんご)は やさしいです。
일본어는 쉽습니다.

학습 Point

1. い형용사 긍정형

2. い형용사 부정형

기본회화

キム　：　鈴木さん、韓国語(かんこくご)は　やさしいですか、

難(むずか)しいですか。

鈴木　：　韓国語は　ちょっと　難(むずか)しいですね。

日本語の　勉強(べんきょう)は　どうですか。

キム　：　そんなに　難(むずか)しくは　ありません。

英語(えいご)より　おもしろいです。

鈴木　：　へえ、えらいですね。

キム　：　いいえ、そんな　こと　ありません。

해석

김　　　: 스즈키상, 한국어는 쉽습니까? 어렵습니까?

스즈키 : 한국어는 좀 어렵군요.

　　　　일본어 공부는 어때요?

김　　　: 그렇게 어렵지는 않습니다.

　　　　영어보다 재미있습니다.

스즈키 : 와아, 훌륭하군요.

김　　　: 아니요, 그렇지 않습니다.

단어정리

やさしい	쉽다
難(むずか)しい	어렵다
おもしろい	재미있다
ちょっと	조금
そんなに	그렇게
えらい	훌륭하다
英語(えいご)	영어
そんな こと ありません	그렇지 않습니다

학습사항

◉ い 形容詞(い형용사)
けいようし

사물의 성질이나 상태 등을 나타내는 말로 어미가 い로 끝난다.

1) い 형용사는 서술형이지만, 그대로 명사를 수식하는 수식형도 된다.
예) おもしろい 小説(재미있는 소설)
　　　　　　　しょうせつ
　　おいしい 食べ物(맛있는 음식)
　　　　　　た　もの

정중어는 'です'를 붙인다.
예) おもしろいです (재미있습니다)
　　おいしいです (맛있습니다)

2) 부정형 : 어미 い를 く로 바꾼다.

예) はやい → はやくない
　　むずかしい → むずかしくない

정중어는 ~くないです 또는 ~くありません
예) はやい → はやくないです
　　むずかしい → むずかしくありません

	수식형	보통형	정중형
현재	おいしい	おいしい	おいしいです
부정		おいしくない	おいしくないです おいしくありません

◉ 주요한 い 형용사

大きい(おおきい) ↔ 小さい(ちいさい)	크다-작다
高い(たかい) ↔ 低い(ひくい)	높다-낮다
高い(たかい) ↔ 安い(やすい)	비싸다-싸다
長い(ながい) ↔ 短い(みじかい)	길다-짧다
重い(おもい) ↔ 軽い(かるい)	무겁다-가볍다
早い(はやい) ↔ 遅い(おそい)	빠르다-늦다
太い(ふとい) ↔ 細い(ほそい)	굵다-가늘다
熱い(あつい) ↔ 冷たい(つめたい)	뜨겁다-차갑다
厚い(あつい) ↔ 薄い(うすい)	두텁다-얇다
いい(よい) ↔ 悪い(わるい)	좋다-나쁘다
広い(ひろい) ↔ 狭い(せまい)	넓다-좁다
おもしろい ↔ つまらない	재미있다-시시하다
古い(ふるい) ↔ 新しい(あたらしい)	오래되다(낡다)-새롭다(신식이다)
近い(ちかい) ↔ 遠い(とおい)	가깝다 - 멀다
多い(おおい) ↔ 少ない(すくない)	많다 - 적다

제2장 실용회화 및 문법

학습사항

◉ **색을 나타내는 형용사**

青^{あお}い(파랗다)　赤^{あか}い(빨갛다)　白^{しろ}い(희다)　黒^{くろ}い(검다)　黄色^{きいろ}い(노랗다)

◉ **맛을 나타내는 형용사**

おいしい(맛있다)　まずい(맛없다)　甘^{あま}い(달다)

苦^{にが}い(쓰다)　辛^{から}い(맵다)　塩辛^{しおから}い(짜다)　すっぱい(시다)

◉ **~より : ~보다**
비교의 기준을 나타내는 조사. 뒤에 주로 ~ほうが (~쪽이/편이)의 표현이 온다.

예) 兄^{あに}より 弟^{おとうと}の 背^せが 高^{たか}い。　형보다 동생의 키가 크다.

　　お菓子^{かし}より 果物^{くだもの}の ほうが いい。　과자보다 과일이 좋다.

　　本^{ほん}より 映画^{えいが}の ほうが おもしろい。　책보다 영화가 재미있다.

応用会話

田中 ： この 料理は 何ですか。

李　 ： サムゲタン(蔘鷄湯)です。

田中 ： 辛いですか。

李　 ： いいえ、全然 辛く ありません。

田中 ： 材料は 何ですか。

李　 ： 鶏肉と 高麗人蔘、

　　　 そして なつめと もちこめです。

　　　 体に いい スタミナ食です。

제2장 실용회화 및 문법

회화 연습

보기 　キムチ、ビビンバ、デンザンチゲ

A：この 食べ物は 何ですか。
B：これは、＿＿＿＿＿＿＿＿＿＿＿ です。

A：おいしいですか。
B：はい、＿＿＿＿＿＿＿＿＿＿＿
　　いいえ、＿＿＿＿＿＿＿＿＿＿＿

A：からいですか。
B：はい、＿＿＿＿＿＿＿＿＿＿＿
　　いいえ、＿＿＿＿＿＿＿＿＿＿＿

단어정리

サムゲタン	삼계탕	なつめ	대추
材料(ざいりょう)	재료	もちこめ	찹쌀
鶏肉(とりにく)	닭고기	体(からだ)	몸
		全然(ぜんぜん)	전혀
高麗人参(こうらいにんじん)	인삼	スタミナ食(しょく)	스태미너 식, 건강식

1_ 다음 보기와 같이 답하시오.

> 보기   金さんの へやは 広いですか。
> → いいえ、広く ありません。

1) あなたの かばんは 大きいですか。
   → いいえ、_____

2) 建物(たてもの)は 高いですか。
   → いいえ、_____

3) 熱(あつ)いですか。
   → いいえ、_____

4) ちょっと すずしいですか。
   → いいえ、_____

5) あの 映画は おもしろいですか。
   → いいえ、_____

2_ 다음 문장을 일본어로 작문 하시오.

1) 한국산의 맛있는 김치입니다.
   → _____

2) 일본어는 재미있습니다.
   → _____

3) 그렇게 어렵지 않다.
   → _____

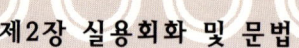

4) 일본어보다 쉽습니다.

➡ _____

5) 어느 건물이 큽니까?

➡ _____

새단어

韓国産(かんこくさん)	한국산
建物(たてもの)	건물
キムチ	김치
へや	방

쉬어가기
일본 문화 - 식사예법

　젠(善)이라 불리는 일본식 상차림에서 음식을 먹을 때는 젓가락만을 사용한다. 단지 젓가락으로 먹기 불편한 닭고기 등은 손으로 먹어도 된다. 식사를 할 때에는 바른 자세를 취하고 지나치게 소리 내지 않도록 유의하면서 작은 접시에 음식을 덜어 먹는다.

　밥, 국, 반찬 순으로 뚜껑을 열고 뚜껑은 상 왼편에 놓는다. 전채 요리를 먹은 후에 밥을 먹는데 밥은 양손으로 밥공기를 들어 왼손에 놓고 오른손으로 먹는다. 국그릇도 같은 방법으로 먹는데, 국물을 마시고 젓가락으로 건더기를 먹는다.

Memo

제10과

どんな 果物が 好きですか。
어떤 과일을 좋아 합니까

학습 Point

1. な형용사의 활용

2. い형용사의 ~て형

3. 조사 で의 쓰임

> 기본회화

田中 : イーさんは どんな 果物(くだもの)が 好(す)きですか。

イー : 私ですか。私は すいかが 好きです。
　　　田中さんは。

田中 : 私は りんごが すきです。

イー : りんごは 日本の 富士(ふじ)が 有名(ゆうめい)ですね。

田中 : 日本で 有名な 韓国の くだものは 梨(なし)です。

イー : やはり そうですか。
　　　味(あじ)が よくて 世界的(せかいてき)にも 有名です。
　　　でも、私、梨は あまり 好きではありません。

해석

다나카 : 이상은 어떤 과일을 좋아하나요?

이　　 : 저 말입니까? 저는 수박을 좋아합니다. 다나카씨는요.

다나카 : 저는 사과를 좋아합니다.

이　　 : 사과는 일본의 후지가 유명하죠.

다나카 : 일본에서 유명한 한국 과일은 배입니다.

이　　 : 역시 그렇습니까.

　　　　맛이 좋고 세계적으로도 유명합니다.

　　　　그렇지만 전, 배는 그다지 좋아하지 않습니다.

단어정리

どんな	어떤	でも	그렇지만
果物(くだもの)	과일	梨(なし)	배
好(す)きだ	좋아하다	やはり	역시
すいか	수박	味(あじ)	맛
有名(ゆうめい)だ	유명하다	世界的(せかいてき)にも	세계적으로도

제2장 실용회화 및 문법

학습사항

◉ **な형용사** : 어미가 だ로 끝나는 형용사이다.

명사 앞에서는 어미가 な로 변하여 수식하므로 な형용사라고 한다.

예) 静(しず)かだ → しずかな 教室(きょうしつ)(조용한 교실)
　　元気(げんき)だ → 元気な 学生(건강한 학생)

① な형용사의 활용

부정형은 어미 だ를 탈락 시키고 では(じゃ)ない를 붙인다.
정중어는 ではないです = ではありません 이다.

	수식형	보통형	정중형
현재	すきな	好きだ	好きです
부정		好きじゃない (= 好きでない)	好きじゃないです (好きではありません)

② 주요한 な형용사

きれいだ	깨끗하다, 예쁘다	静(しず)かだ	조용하다
不便(ふべん)だ	불편하다	便利(べんり)だ	편리하다
まじめだ	성실하다	親切(しんせつ)だ	친절하다
好(す)きだ	좋아하다	丈夫(じょうぶ)だ	튼튼하다, 건장하다
上手(じょうず)だ	능숙하다, 잘하다	下手(へた)だ	서투르다, 못하다
元気(げんき)だ	건강하다	嫌(きら)いだ	싫어하다
簡単(かんたん)だ	간단하다	暇(ひま)だ	한가하다, 짬이 나다.

③ 好きだ、嫌いだ、上手だ、下手だ

이 네가지 だ형용사는 목적격 조사 を를 가지지 않고 대신 が 를 가지는 점에 유의한다. 욕망, 가능, 좋고 싫음 등을 나타내는 말은 대상이 주어가 되어 '~을' 에 해당하는 조사에 '~を' 대신에 '~が' 가 온다는 것에 주의한다.

예) 私は バナナが すきです。 (나는 바나나를 싫어합니다.)

私は 英語が 下手です。 (나는 영어를 못합니다.)

◉ ~で : 장소, 수단, 이유, 자격을 나타내는 조사.

1. 장소 : ~에서

예) インターネットで 有名だ。 인터넷에서 유명하다.

2. 수단: ~로

예) 車で 行く。 자동차로 간다.

3. 이유: ~로 인해

예) 勉強で 忙しい。 공부로 바쁘다.

4. 자격 : ~(이)서

예) ひとりで 行く 혼자서 간다

제2장 실용회화 및 문법

학습사항

◉ **どんな**

どんな는 '어떤'의 뜻으로 형용하는 말이나 종류를 대답으로 요구하는 표현이다. こんな(이런), そんな(그런), あんな(저런), どんな(어떤) 뒤에는 항상 명사가 온다.

◉ **い 형용사의 「て」형**

~(이) 고, ~(하)고, ~해(서)의 표현으로 어미 い를 く로 바꾸고 て를 붙인다.

　예) この かばんは おおきくて 白(しろ)い。 (이 가방은 크고 희다)
　　　先生は やさしくて きれいだ。　(선생님은 자상하고 아름답다)

응용회화

A : あ、新しい 映画の ポスターですね。

B : この 女性は きれいですね。

A : 彼女は 日本人ですが、韓国でも 有名な タレントですよ。 私も 好きです。

A : そうですか。名前は 何ですか。

B : ユミンです。

A : 彼女、結婚は？

B : 勿論、まだです。

회화 연습

A : あなたが 好きな タレントは だれですか。
B : 私は _____

A : あなたが 好きな 果物は なんですか。
B : 私は _____

단어정리

ポスター	포스터
女性(じょせい)	여성
タレント	탤런트
勿論(もちろん)	물론
まだ	아직

제10과

1_ 다음 보기와 같이 문장을 만드시오.

> **보기**　電車(でんしゃ)は 便利(べんり)ですか。
> → はい、便利です。
> → いいえ、便利では ありません。

1) あの 歌手(かしゅ)は 有名(ゆうめい)ですか。
→ はい、_____
→ いいえ、_____

2) 日本語の 試験(しけん)は 簡単(かんたん)ですか。
→ はい、_____
→ いいえ、_____

3) ソウルは にぎやかですか。
→ はい、_____
→ いいえ、_____

4) お姉(ねえ)さんは きれいですか。
→ はい、_____
→ いいえ、_____

5) まゆみさん、今日(きょう) 暇(ひま)ですか。
→ はい、_____
→ いいえ、_____

제2장 실용회화 및 문법

2_ 주어진 보기와 같은 문장을 만드시오.

> 보기　体(からだ) / 丈夫だ → 丈夫な 体

1) 仕事(しごと) / 大事(だいじ)だ
→ _____

2) 食(た)べ物(もの) / 嫌(きら)いだ
→ _____

3) 町(まち) / 静(しず)かだ
→ _____

4) 店員(てんいん) / 親切(しんせつ)だ
→ _____

5) 学生 / まじめだ
→ _____

3_ 다음 문장을 작문 하시오.

1) 김씨는 성실한 학생입니다.
→ _____

2) 영어는 서툽니다.
→ _____

3) 커피는 좋아하지 않습니다.
→ _____

4) 이 모자는 크고 빨갛습니다.
→ _____

5) 아유미는 유명한 가수입니다.
→ _____

새단어

電車(でんしゃ)	전차
歌手(かしゅ)	가수
試験(しけん)	시험
にぎやかだ	번화하다/번잡하다
暇(ひま)だ	한가하다
仕事(しごと)	일, 업무
食べ物(たべもの)	먹을 것
嫌(きら)いだ	싫어하다
仕事(しごと)	일, 업무
大事(だいじ)だ	소중하다.
町(まち)	마을·거리

Memo

第11課

教室に 学生が います。
교실에 사람이 있습니다.

학습 Point

1. 존재어 : あります와 います

2. 부정형 : ありません, いません

3. 생물 : います,

　무생물 : あります

제2장 실용회화 및 문법

기본회화

キム：教室には 学生が 何人 いますか。

鈴木：女の 学生が 二人、男の 学生が 四人 います。

キム：その 他、教室に 何が ありますか。

鈴木：机と 椅子が あります。

キム：机の 上には 何か ありますか。

鈴木：いいえ、何も ありません。

キム：テレビも ありますか。

鈴木：いいえ、テレビは ありません。

> 해석

김 : 교실에는 사람이 몇 사람 있습니까?

스즈키 : 여자가 두 사람, 남자가 네 사람 있습니다.

김 : 그 외 교실에 무엇이 있습니까?

스즈키 : 책상과 의자가 있습니다.

김 : 책상 위에는 무엇인가 있습니까?

스즈키 : 아니오. 아무것도 없습니다.

김 : 텔레비전도 있습니까?

스즈키 : 아니오, 텔레비전은 없습니다.

단어정리

教室(きょうしつ)	교실	椅子(いす)	의자
何人(なんにん)	몇 사람	机(つくえ)	책상
二人(ふたり)	두사람	テレビ	텔레비전
四人(よにん)	네사람		

제2장 실용회화 및 문법

학습사항

◉ 'あります'와 'います'

우리말로 '있다'의 뜻이다. 'あります'는 주어가 무생물일 때, 'います'는 생물 일 때 쓴다. 부정형은 'ありません, いません'이 된다.

예) 本が あります。 / 책이 있습니다.

先生が います。 / 선생님이 있습니다.

本が ありません。 / 책이 없습니다.

先生が いません。 / 선생님이 없습니다.

教室には だれも いません。 / 교실에는 아무도 없습니다.

◉ 何か ありますか : 무엇인가 있습니까?

何かは '무엇인가' 라는 뜻으로 불확실한 의문을 나타낸다.

◉ 何も ありません : 아무 것도 없습니다.

참고) 아무도 없습니다 : だれも いません。
　　　 하나도 없습니다 : ひとつも ありません。

응용회화

A : この 部屋に 留学生は 何人 いますか。

B : あ、留学生ですね。
全部 三人 いますが…。

A : 日本人の 留学生も いますか。

B : はい、一人 います。

A : その ほかの 留学生は？

B : はい、イギリス人と 中国人の 留学生が 一人ずつ います。

제2장 실용회화 및 문법

회화 연습

A : 今 教室に 学生は 何人 いますか。
　　いま　　　　　　　　　　　なんにん

B : 女の 学生は 何人ですか。
　　おんな

C : 男の 学生は 何人ですか。
　　おとこ

D : 今、教室には 留学生も いますか.

E : 今、教室には テレビが ありますか

단어정리	
留学生(りゅうがくせい)	유학생
そのほか	그 외
イギリス人(じん)	영국인
中国人(ちゅうごくじん)	중국인

1. 다음 ( ) 안에 「あります」와 「います」를 선택하여 쓰시오.

1) 教室には 子供が　　（　　　　　　）
2) 魚屋に 魚が　　　　（　　　　　　）
3) 花屋には 花が　　　（　　　　　　）
4) 池に 鯉が　　　　　（　　　　　　）
5) 机の 上に ほんが　 （　　　　　　）

2. 그림을 보고 물음에 답하시오.

1) つくえの 上には 何が ありますか。

　➡ _____

2) りんごは いくつ ありますか。

　➡ _____

3) 猫は どこに いますか。

　➡ _____

　　　　つくえ　　いす　みぎ　　　ひだり
4) 椅子は 机の 右ですか。左ですか。

➡ _____

5) 椅子の うえには 何か ありますか。

➡ _____

3_ 일본어로 작문하시오.

1) 여자는 세 사람 있습니다.

➡ _____

2) 의자는 하나도 없습니다.

➡ _____

3) 학생은 몇 명 있습니까?

➡ _____

4) 교실에 텔레비전도 있습니까?

➡ _____

5) 이 방에는 아무도 없습니다.

➡ _____

새단어

子供(こども)	어린이, 아이	鯉(こい)	잉어
魚屋(さかなや)	생선가게	りんご	사과
はなや(はなや)	꽃집	猫(ねこ)	고양이
池(いけ)	연못		

제12과

あした、慶州へ 行きます。
내일, 경주에 갑니다.

- 동사의 종류 / 1그룹동사(5단 동사),
  2그룹동사(상 하1단 동사),
  3그룹동사(변격동사)

- 동사의 ます형(정중어)

기본회화

キム：あした、慶州(けいしゅう)に 行(い)きます。

鈴木：慶州ですか。何か ご用(よう)でも。

キム：日本人の 友達(ともだち)が 來(き)ます。

鈴木：そうですか。留学の 時(とき)の 知(し)り合(あ)いですか。

キム：はい、そうです。

鈴木：慶州までは 何で 行く つもりですか。

キム：私の 自動車(じどうしゃ)で 行きます。

鈴木：いいですね。

では、いってらいっしゃい。

제12과

해석

김　　　: 내일 경주에 갑니다.

스즈키 : 경주말입니까? 무슨 볼일이라도?

김　　　: 일본인 친구가 옵니다.

스즈키 : 그렇습니까? 유학시절 때 아시는 분입니까?

김　　　: 예, 그렇습니다.

스즈키 : 경주까지는 무엇으로 갈 생각입니까?

김　　　: 자동차로 갑니다.

스즈키 : 좋겠군요. 그럼, 잘 다녀오세요.

단어정리

慶州(けいしゅう)	경주
ご用(よう)	용건, 볼일
來(き)ます	옵니다
知り合い(しりあい)	아는 사람, 지인
自動車(じどうしゃ)	자동차
つもり	~(할) 예정, 생각

제2장 실용회화 및 문법

학습사항

◉ 동사란?

사람이나 사물의 동작, 작용, 상태, 존재 등을 나타내는 품사를 동사라 한다.
일본어 동사의 기본형 어미는 반드시 [u]단으로 끝난다.

◉ 동사의 종류

① 5단 동사

1) 어미가 〈る〉로 끝나지 않는 것은 모두 5단동사이다.
   예) かう(사다). きく(듣다). よむ(읽다) 등

2) 어미가 〈る〉로 끝나지만 〈る〉앞의 발음이 [i]나 [e]단이 아닌 것은 5단 동사이다.
   예) わかる(알다). のる(타다). おくる(보내다) 등

② 상 하 1단 동사

1) 상 1단 동사

   어미가 항상 〈る〉로 끝나며, 〈る〉앞의 발음이 [i]단으로 발음되는 것은 상일 단 동사이다.
   예) みる(보다). おきる(일어나다). しみる(스미다) 등

2) 하 1단 동사

   어미가 항상 〈る〉로 끝나며, 〈る〉앞의 발음이 [e]단으로 발음되는 것은 하일 단동사이다.
   예) たべる(먹다). ねる(자다). すてる(버리다) 등

③ 변격동사

サ행 변격동사 : する(하다) 하나뿐이다.

대개는 명사 + する 의 형태로 '명사 +(를) 하다'의 뜻이 된다.
예) 勉強する(공부하다), テニスを する(테니스를 하다), 運動する(운동하다)
  カ행 변격동사 : くる(오다) 하나뿐이다.

◉ 동사의 ます형 (정중어)

① 5단 동사 : 어미가 ます앞에서 [i]발음으로 변한다.
예) かう(사다) → かいます(삽니다)
  きく(듣다) → ききます(듣습니다)
  よむ(읽다) → よみます(읽습니다)

② 상 1단 동사 : 어미가 ます앞에서 탈락된다.
예) みる(보다) → みます(봅니다)
  おきる(일어나다) → おきます(일어납니다)

③ 하 1단 동사 : 어미가 ます앞에서 탈락된다.
예) たべる(먹다)   たべます(먹습니다)
  すてる(버리다)   すてます(버립니다)

④ サ행·변격동사 : する(하다)   します(합니다)
⑤ カ행·변격동사 : くる(오다)   きます(옵니다)

◉ 何で 行きますか.

'무엇으로 (무엇을 타고) 갑니까?' 라는 뜻으로 교통수단의 조사「で」

학습사항

에 유의한다. 「~で」는 수단, 방법을 나타내는 조사로 여기서는 '~(으)로' 의 뜻이다.

예) 車で 行きます。(차로 갑니다)

　　船で 帰ります。(배로 돌아갑니다.)

　　韓国語で 話します。(한국어로 이야기 합니다.)

◉ ~つもり(予定)だ

① ~(할) 생각, 예정이다.

구체적으로 장래에 무엇을 하겠다는 의지나 예정, 계획을 나타낸다.

예) 明日 ソウルに 行く つみりだ。

　　卒業の 後、イギリスに 留学する 予定だ。

② 동사의 과거형 + つもりだ

의지와 상관없이, 사실이나 결과는 다르지만 그 상황을 가정해서 말할 때, '~한셈치고' '(나름으로는) ~했다고 생각 한다' 의 뜻으로 쓰인다.

예) 旅行した つもりで、お金は 貯金する。

　　死んだ つもりで、熱心に 勉強しました。

◉ いいですね。

'좋겠네요' 라는 뜻으로 부러워하는 기분을 나타낸다.

응용회화

A : 釜山から ソウルまで 何時間ぐらい かかりすか。

B : KTXは 高速列車で、二時間 半ぐらい かかりますが。

A : そうですか。では、飛行機は。

B : 一時間ぐらいですね。

A : やはり 飛行機の ほうが 早いですね。でも、値段が 高いですから。

B : そうでしょうね。

제2장 실용회화 및 문법

회화 연습

보기   自転車(じてんしゃ), 車(くるま), バス, オートバイ

A : _____ と _____ と どちらが 早(はや)いですか。
B : _____ の ほうが 早いです。

보기   釜山, ウルサン, 慶州(けいしゅう), ソウル, デグ

A : _____ から _____ まで 何時間 かかりますか。
B : _____ から _____ まで _____ かかります。

단어정리

かかる	(시간이) 걸리다.
高速列車(こうそくれっしゃ)	고속열차
ぐらい	정도
飛行機(ひこうき)	비행기
自転車(じてんしゃ)	자전거
車(くるま)	차
オートバイ	오토바이

제12과

1_ 다음 동사의 종류를 말하시오.

1) 見(み)る

➡ _____

2) 寝(ね)る

➡ _____

3) 來(く)る

➡ _____

4) する

➡ _____

5) 読(よ)む

➡ _____

2_ 주어진 동사를 정중어(ます형)로 바꾸시오.

1) きく(듣다)

➡ _____

2) ねる(자다)

➡ _____

3) よむ(읽다)

➡ _____

4) くる(오다)

➡ _____

5) のる(타다)

➡ _____

제2장 실용회화 및 문법

3_ 다음 문장을 일본어로 작문 하시오.

1) 무엇을 타고 갑니까?
   → _____

2) 어머니가 부산에서 옵니다.
   → _____

3) 언제나 책을 읽습니다.
   → _____

4) 밤 10시에는 잡니다.
   → _____

5) 몇 시에 일어납니까?
   → _____

새단어	
乗る(のる)	타다
見る(みる)	보다
読む(よむ)	읽다
寝る(ねる)	자다
起きる(おきる)	일어나다

일본문화 – 일본의 대표음식

오코노미야키 (お好み焼き)

우리나라의 빈대떡처럼 밀가루, 전분, 달걀 등을 반죽한 것의 위에 파, 양배추, 콩나물, 돼지고기, 소바, 김 등 자신이 좋아하는 재료를 올려놓고 철판 위에 구워 오코노미야키 소스를 발라 먹는다.

우메보시 (梅干し/ 매실장아찌)

일본을 상징하는 대표적인 음식이다. 매화는 식용이나 약용으로 쓰이기도 하는데, 우메보시는 매화 열매인 매실로 만들어진 대표적인 음식이다. 새콤한 맛으로 한국 사람들이 제일 싫어하는 일본음식 중의 하나라고 한다. 옛날부터 보존식품으로 중요시되어 왔으며, 보통 흰밥과 먹는 것이 일반적이다. 찜요리나 쓰케모노, 과자 등의 맛을 내는 데도 쓰인다.

낫토 (納豆)

메주콩을 발효시켜 만든 끈적끈적한 식품으로 청국장과 비슷한 독특한 냄새를 풍긴다. 보존식품의 하나로, 요즘은 스티로폼 용기에 포장하여 판매하고 있는데, 조리법은 다음과 같다. 포장을 뜯어 그릇에 옮긴 후, 파를 잘게 썰어놓고 간장과 겨자를 조금 넣어 섞는다. 끈적끈적하게 풀어지면 뜨거운 밥 위에 옮겨 먹는다.

스키야키 (すき焼き/ 전골요리)

철판 위에서 끓인 고기 야채 요리로, 얇게 저민 연한 고기 조각과 두부嘯絶藝버섯篠 등을 간장과 청주消냑좇막 양념해서 끓인다. 그리고 식혀 먹기 위해 먹기 직전에 생 달걀을 푼 작은 접시에 담가 먹기도 한다.

소바 (そば/ 메밀국수)

계란과 고구마 전분을 첨가한 메밀가루로 만든 가늘고 긴 갈색을 띤 국수로 국물을 뜨겁게 해서 먹거나, 차갑고 순한 간장 국물에 조금씩 찍어서 차게 하여 먹는다. 잘게 썬 파와 다른 양념을 조미료로 사용한다. 소바에는 묽은 양념장이 나오는데, 이 양념장은 동쪽으로 갈수록 진해지는 경향이 있다.

Memo

제13과

何を して いますか。
무엇을 하고 있습니까?

학습 Point

1. 동사의 「て」형

2. 동사의 진행 / ~て います
   ~(하)고 있습니다.

3. ます형의 과거형 / ました

4. 부정형 / ません

5. 과거 부정형 / ませんでした

기본회화

キム：鈴木さん、何を して いますか。

鈴木：日本でも 有名な 韓国の ドラマを 見て います。

キム：え、そうですか。題目(だいもく)は。

鈴木：'冬の ソナタ'です。

キム：あ、私は もう 見ました。
まだ 見ませんでしたか。
とても おもしろかったですよ。

鈴木：美(うつく)しい 男女(だんじょ)の 愛(あい)の 物語(ものがたり)ですね。

キム：そうですね。

제13과

> 해석

김　　　: 스즈키씨, 뭐 하고 있어요?

스즈키 : 일본에서도 유명한 한국 드라마를 보고 있어요.

김　　　: 아, 그래요? 제목은요(무엇입니까)?

스즈키 : 겨울 소나타(겨울연가)입니다.

김　　　: 아, 나는 벌써 봤습니다. 아직 보지 않았나요?
　　　　 참 재미있었어요.

스즈키 : 아름다운 남녀의 사랑 이야기이군요.

스즈키 : 그렇죠.

단어정리

題目(だいもく)	제목	男女(だんじょ)	남녀
冬(ふゆ)	겨울	愛(あい)	사랑
まだ	아직	物語(ものがたり)	이야기
美(うつく)しい	아름답다		

제2장 실용회화 및 문법

학습사항

● **동사의 「て」형 : ~〈하〉고, ~〈이〉고, ~〈해〉서**

동사로 문장을 끝맺지 않고 후속 절에 잇게 할 때, 접속조사 'て'를 접속시키면 된다. 'て'형은 5단 동사의 음편형에 유의해야 한다. 단어의 음절이 발음하기 쉽게 본디의 음과 달리 발음되는 것을 음편(音便)이라 하며, 동사의 음편에는 'イ音便 (いおんびん)' '撥音便 (はつおんびん 또는 はねる音便)' '促音便 (そくおんびん 또는 つまる音便)'의 세 종류가 있다.

① **5단 동사의 「て」형**

1) 이(イ)음편

   5단 동사의 기본형 어미가 「く」「ぐ」일 때 「て」나 「たり(~하거나)」 「~た(~했다)」 등이 접속하면 「い」로 바뀐다.
   예) 書(か)く 쓰다 → 書いて → 書いたり → 書いた
       脱(ぬ)ぐ 벗다 → 脱いで → 脱いだり → 脱いだ
   단, 어미가 탁음(濁音)으로 끝나는 「ぐ」의 경우는 「で」「だり」「だ」의 탁음으로 바뀐다.

2) 발음(撥音:하네루)편

   5단 동사의 기본형 어미가 「ぬ」「ぶ」「む」일 때, 「て」나 「たり」「~た」 등이 접속하면 「ん」으로 바뀐다. 이 때 「て」「たり」「~た」는 모두 「で」「だり」「だ」의 탁음으로 바뀐다.
   예) 死(し)ぬ 죽다 → 死んで   死んだり   死んだ
       住(す)む 살다 → 住んで   住んだり   住んだ
       遊(あそ)ぶ 놀다 → 遊んで   遊んだり   遊んだ

3) 촉(促)음편

5단 동사의 기본형 어미가 「う」「つ」「る」일 때, 「て」나「たり」「~た」 등이 접속하면 「っ」으로 바뀐다.
예) 勝(か)つ 이기다 → 勝って　勝ったり　勝った
　　 取(と)る 쥐다 → 取って　取ったり　取った
　　 買(か)う 사다 → 買って　買ったり　買った

4) 5단 동사의 기본형 어미가 「す」일 때는 「し」로 바뀐다.
예) 話(はな)す 말하다 → 話して　話したり　話した

5) 예외

「行(い)く」동사는 원래라면 イ음편 인데 촉음편으로 바뀐다.
예) 行(い)く 가다　行って　行ったり　行った.

② 상・하 1단 동사의 「て」형

기본형의 어미 「る」를 「て」로 바꾼다.
예) 起(お)きる　　　일어나다 → おきて
　　 見(み)る　　　　보다 → みて
　　 食(た)べる　　　먹다 → たべて

③ 변격 동사의 「て」형
예) 來(く)る 오다 → きて
　　 する　 하다 → して

제2장 실용회화 및 문법

학습사항

④ **동사의 「て」형은 다음과 같은 용법으로 쓰인다.**

  1) 동사의 순서 : 어떤 동작에서 다른 동작으로 이어질 경우.
  예) 授業が 終わって うちへ 帰ります。
     (수업이 끝나고 집에 돌아갑니다.)

  2) 원인・이유・설명 : 앞의 동작이 뒤에 따라오는 동작의 원인이나 이유 설명의 근거가 될 때.
  예) かぜを ひいて 会社を やすみました。
     (감기에 걸려서 회사를 쉬었습니다.)

  3) 나열 : 동사의 나열
  예) 新聞を 読んで、 テレビを 見て、 寝ます。
     (신문을 읽고, 텔레비전을 보고, 잡니다.)

◉ **~て います: ~ (하) 고 있습니다.**

「~て います」는 '~하고 있습니다' 란 뜻으로 선행하는 동사가 동작이나 작용을 나타낼 경우에 그 동작이나 작용이 진행하고 있음을 나타낸다.

  예) ご飯を 食べて います。
     (밥을 먹고 있습니다)
    テレビを みて います。
     (텔레비전을 보고 있습니다)

◉ ます형

1) 과거 / ました。

   예) 朝 五時に 起きました。
   (아침, 5시에 일어났습니다.)

2) 부정 / ません

   예) 朝 五時に 起きません。
   (아침, 5시에 일어나지 않습니다.)

3) 과거부정 / ませんでした

   예) 朝 五時に 起きませんでした。
   (아침, 5시에 일어나지 않았습니다.)

현재	과거	부정	과거부정
あります	ありました	ありません	ありませんでした

◉ 형용사의 과거형

1) い형용사 어미 い를 없애고 かった를 붙인다.

   예) おもしろい　おもしろかった

   高い → 高かった

2) だ형용사 어미 だ를 없애고 だった를 붙인다.

   예) 静かだ → 静かだった

   親切だ → 親切だった

제2장 실용회화 및 문법

학습사항

3) 정중어

い 형용사 → かったです
예) おもしろかったです

だ 형용사 → だったです
예) きれいだったです

	과거형	과거 정중형
おもしろい (い 형용사)	おもしろかった	おもしろかったです
まじめだ (だ형용사)	まじでだった	まじめだったです (まじめでした)

기본회화

A : こんな ところで なにを して いますか。

B : 母を 待って います。

A : そうですか。約束の 時間は？

B : 2時ですから、もう すぐです。

A : ア、そうですね。

　　では、私は お先に。

B : はい、どうぞ。

제2장 실용회화 및 문법

회화 연습

| 보기 | お酒を 飲む, テレビを 見る, 写真を 撮る |

A : 何を して いますか。

B : _____ を _____ て、います。

| 보기 | 寒い, 暑い, 温かい |

A : きのう、は どうでしたか。

B : _____

A : 学校へ 行きましたか。

B : はい、_____

　　いいえ、_____

단어정리

こんな	이런	飲(の)む	마시다
ところ(所)	곳, 장소	写真(しゃしん)	사진
待(ま)つ	기다리다	撮(と)る	찍다
約束(やくそく)	약속	寒(さむ)い	춥다
もうすぐ	머잖아 곧	暑(あつ)い	덥다
お酒(さけ)	술	温(あたた)かい	따뜻하다

제13과

1_ 주어진 동사를「て」형으로 활용시키시오.

1) きく(듣다)
➜ _____

2) ねる(자다)
➜ _____

3) よむ(읽다)
➜ _____

4) くる(오다)
➜ _____

5) 乗る(타다)
    の
➜ _____

2_ 보기의 문장에 대해 주어진 단어를 이용하여 바꾸어 말하시오.

> 보기   何を して いますか。
>   はん　た
>   ご飯、食べる → ご飯を 食べて います

1) テレビ、見る
➜ _____

2) シャワー、あびる
➜ _____

제2장 실용회화 및 문법

3) 本、読む
➡ _____

4) テニス する
➡ _____

とも
5) 友だち あそぶ
➡ _____

3_ 일본어로 작문하시오.

1) 무엇을 하고 있습니까?
➡ _____

2) 여기서 기다리지 않았습니다.
➡ _____

3) 정말 재미있었습니다.
➡ _____

4) 밤 10시에는 자지 않습니다.
➡ _____

5) 어제는 집에서 쉬었습니다.
➡ _____

새단어

ご飯(はん)	밥	遊(あそ)ぶ	놀다
シャワーを 浴(あ)びる	샤워를 하다	友達(ともだち)	친구

ハングルを 教えて ください。
한글을 가르쳐 주세요

1. 의뢰표현 「~て ください」

2. 허가표현 「~ても いいです」

제2장 실용회화 및 문법

기본회화

鈴木 : キムさん、すみませんが、

　　　この ハングル どう 読(よ)みますか。

　　　ちょっと 教(おし)えて ください。

キム : いいです。何ですか。

　　　ア、〈사랑하다〉ですね. ハングルで

　　　〈サランハダ〉と 読みます。

　　　日本語では 愛(あい)するという 意味(いみ)ですね。

鈴木 : そうですか。いい 意味ですね。

　　　ありがとう。

キム : いいえ。

鈴木 : キムさん、それから もう一つ,

　　　この ハングルの 本、ちょっと 借(か)りても

　　　いいでしょうか。

キム : ええ、どうぞ。

해석

스즈키 : 김상, 미안합니다만, 이 한글 어떻게 읽나요? 좀 가르쳐 주세요.

김 : 그러죠. 무엇입니까?

아, 〈사랑하다〉네요. 한글로 〈사랑하다〉라고 읽습니다.

일본어로는 아이스루(사랑한다)라는 의미입니다.

스즈키 : 그렇습니까? 좋은 뜻이군요.

고맙습니다.

김 : 아니에요.

스즈키 : 김상, 그리고 하나 더, 이 한글 책 좀 빌려도 될까요?

김 : 예, 그러세요.

단어정리

ハングル	한글
教(おし)える	가르치다
愛(あい)する	사랑하다
~と いいます	~라고 합니다.
それから	그리고
もう 一つ	하나 더
借(か)りる	빌리다

제2장 실용회화 및 문법

학습사항

● **~て+ください : (동작을) ~해 주십시오.**

동사의 「て」형에 「ください(주세요)」를 붙인 표현으로 한국어의 '~해 주세요'에 해당한다. 상대방에게 무엇인가를 부탁할 때, 가벼운 명령의 뜻으로도 쓰인다.

예) この 本を 読んで ください。(이 책을 읽어 주십시오)
　　電話して ください。(전화해 주십시오)

● **~ても いいです : (동작을) ~(해)도 됩니다.**

「~て(で)も いいです」는 허가와 허용의 표현으로, 허락을 구하거나 허락하는 경우에도 쓰인다. 비슷한 표현으로 「~ても よいです」「~ても かまいません」이 있다. 부정형은 「~なくても いいです」이다.

예) やすんでも いいです。(쉬어도 됩니다)
　　テレビを みても いいですか。(텔레비젼을 봐도 됩니까?)

● **~と いいます / ~라고 (말) 합니다.**

「~と いう」의 「~と」는 인용을 나타낸다. 「~と いう」 '~(이)라는'의 뜻으로, 뒤에 오는 동사「いう(言う)」는 '말하다' 라는 뜻인데, 「~と いう」와 함께 쓰여 ~ (이)라고 하는, 내지는 ~ (이)라고 한다의 뜻으로 널리 사용된다.

예) 文学という ジャンル(문학이라는 장르)
　　この 橋は クンアン大橋と いいます。(이 다리는 광안대로라고 합니다)

응용회화

A: あのう、すみません。

　　公園に いく 道を 教えて ください。

B: 公園ですね。

　　まっすぐ 行って 左側です。

A: まっすぐ 行って 左側ですね。

　　ありがとうございます。

B: いいえ。

제2장 실용회화 및 문법

회화 연습

|보기| 市立図書館(しりつとしょかん)：公園(こうえん)の 右側(みぎがわ)
博物館(はくぶつかん)：公園の 前(まえ)
大学(だいがく)：公園の 向(む)こう側(がわ)

A : 市立図書館は どこですか。

→ まっすぐ 行って ＿＿＿＿＿＿＿＿＿ です。

B : 博物館は どこですか。

→ まっすぐ 行って ＿＿＿＿＿＿＿＿＿ です。

C : 大学は どこですか。

→ まっすぐ 行って ＿＿＿＿＿＿＿＿＿ です。

단어정리

公園(こうえん)	공원
道(みち)	길
まっすぐ	똑 바로
教える(おしえる)	가르치다
博物館(はくぶつかん)	박물관

제14과

1_ 다음 문장을 「~て ください」 문장으로 고치시오.

1) いっしょに 行く

→ _____

2) ゆっくり 話す

→ _____

3) 早く いそぐ

→ _____

4) 勉強する

→ _____

5) 日本語を 教える

→ _____

제2장 실용회화 및 문법

2_ 다음 보기와 같이 주어진 단어를 바꾸어 말하시오.

> 보기 この 部屋(へや), 遊ぶ
> → この 部屋で 遊んでも いいですか。

1) この 本、読む

➡ _____

2) ゆっくり、話(はな)す

➡ _____

3) ドラマ、見る

➡ _____

4) 小説(しょうせつ)、借りる

➡ _____

5) 果物、食べる

➡ _____

3_ 일본어로 작문하시오.

1) 미안합니다만, 이 한자를 가르쳐 주십시오.

➜ _____

2) 선생님께 빌려도 됩니까?

➜ _____

3) 곧장 가 주세요.

➜ _____

4) 일본어로는 기모노라고 합니다.

➜ _____

5) 좀 쉬어도 됩니까.

➜ _____

새단어	
いっしょに	함께
ゆっくり	천천히
早(はや)く	빨리
急(いそ)ぐ	서두르다
もう 一度 (いちど)	한 번 더
休(やす)む	쉬다
着物(きもの)	일본 전통의상

제2장 실용회화 및 문법

일본의 풍속화(風俗画) - 우키요에(浮世絵)

일본인들의 성풍속사를 가장 자연스럽게 접할 수 있는 것 중 하나가 '우키요에(浮世絵)'라 할 수 있다. 우키요란 중국의 송시대 문학에서 세상의 일이 허무하여 뜬구름처럼 일정하지 않다는 의미로 쓰인 말에서 유래한다. 우키요에의 탄생은 에도시대이다. 넓은 의미의 풍속화로, 에도시대 초기부터 막부 말까지의 에도를 중심으로 한, 서민의 풍속 및 생활을 그린 작품 명칭이다.

근세의 일본문화 중 세속화라 불리는 우키요에는, 유럽의 인상파 화가들에게도 큰 영향을 미쳤다. 1650년부터 약 200년간 그려진 우키요에는 일본인이 위대한 문화유산으로 세계에 자랑하는 예술품이다. 서구의 문명인들이 일본의 문화적 속성을 처음으로 인정한 것으로, 그 태생과 구성력이 뛰어나다는 평을 받고 있다. 현란하고 호화스러운 극채색은 서양의 인상파 화가에게 영향을 미쳤는데, 네덜란드의 유명한 화가 반 고흐가 평생 수집한 우키요에는 200 여점이나 된다고 한다. 위의 그림은 히로시게의 사계절 목판화(오하시와 아타케의 천둥)로, 다리 위에 봄비가 내리는 정경을 담은 이 작품은, 거장 고흐가 그대로 베낀 모사화를 남기고 있어 더욱 유명해졌다.

에도 초기 유럽에 수출된 일본 도자기를 깨지지 않게 하기 위해 포장하거나, 상자의 빈 공간을 채우던 우키요에를, 도자기를 꺼내다가 보게 된 서양인들은 높은 예술성에 경탄했을 것이다.

대개 우키요에의 주제는 유곽과 가부키의 세계였다. 유녀들의 요염한 자태, 가부키 무대의 집단적 묘사, 그리고 한창 물이 오른 유녀들의 자신의 모습을 그린 초상화 등이 많이 다루어졌다. 막부(幕府) 말기에는 풍경화, 화조화도 등장하여 대중문화와 많이 연결되면서, 당시의 서민들이 살아가는 진솔한 모습이 잘 나타나 있다.

第15課

ヨロッパへ 行った ことが ありますか。

유럽에 간 적이 있습니까?

학습 Point

1. 동사의 과거형(보통체) 「~た」

2. 과거의 과거 경험
　「~た ことが ある/ ない」

3. 보조동사 「~て みる」

제2장 실용회화 및 문법

기본 회화

鈴木：キムさん、ヨロッパへ 行った ことが

　　　ありますか。

キム：いいえ、ありませんね。

　　　鈴木さんは。

キム：一番 印象的な ところは どこでしたか。
　　　いちばん　いんしょうてき

鈴木：そうですね。いろいろ ありましたけれど、

　　　私は ローマが 一番 思い出します。
　　　　　　　　　　　　おも　だ

キム：私も ぜひ 行って みたいですね。

해석

스즈키 : 김상, 유럽에 간 적이 있습니까?

김 : 아니오, 없는데요.

　　　스즈키씨는요?

스즈키 : 저는 한 번 간 적이 있습니다.

김 : 가장 인상적인 곳은 어디였나요.

스즈키 : 글쎄요. 여러 가지 있었습니다만, 저는 로마가 가장 생각납니다.

김 : 나도 꼭 가 보고 싶군요.

단어정리

ヨロッパ	유럽
一度(いちど)	한 번
一番(いちばん)	가장, 제일
印象的(いんしょうてき)	인상적
いろいろ	여러 가지
思(おも)い出(だ)す	생각이 나다. 떠오르다.
ぜひ	꼭, 반드시
~たい	~(하)고 싶다.

제2장 실용회화 및 문법

학습사항

● **た형 : 동사의 과거형**

「~た」는 '~했다, ~한'과 같이 과거를 나타내는 말로, 접속방법은 「て」형과 같다

① **た형 만드는 방법**

1) 5단 동사

  も   か
 持つ 持った 書く 書いた

 と   いそ
 取る 取った 急ぐ 急いだ

2) 1단동사

 た   み
 食べる 食べた 見る 見た

 お   ね
 起きる 起きた 寝る 寝た

3) 변격동사

 く き
 來る 来た
 する した

   けんぶつ
예) 見物する 見物した

   けさ はや   さんぽ
예) 今朝 早く 起きて ホテルの まわりを 散歩した。
  (오늘 아침 일찍 일어나 호텔 주위를 산책했다)
  これは ロッテ ワールドに 行った 時, とった 写真です。
  (이것은 롯데월드에 갔을 때 찍은 사진입니다)

② ~た ことが ある/ない : 경험의 유무

'~한 적이 있다 / 없다'의 뜻으로 과거의 경력이나 경험의 유무를 나타낸다.

예) 小川さんは チャジャンメンを 食べた ことが ありますか。
(오가와씨는 자장면을 먹은 적이 있습니까?)

そんな 話は 今まで 見た ことも, 聞いた ことも ない.
(그런 이야기는 지금까지 보도 듣도 못했다)

◉ ~て みる

「~て みる」는 「て」형에 접속되며, みる는 보조동사로 쓰여 '~해 보다'의 뜻이다.

예) 一応, 私が 食べて みる。

先に 行って みる。
(먼저, 가 본다.)

◉ ~たい

~(하)고 싶다는 뜻으로, 동사의 ます형에 접속한다.

예) 行く → 行きたい(가고 싶다)
遊ぶ → 遊びたい(놀고 싶다)

응용회화

A : 慶州(けいしゅう)に 行って みましたか。

B : はい、もちろんですよ。
仏国寺(ぶっこくじ)は 雄大(ゆうだい)で とても きれいでしたよ。

A : 昔(むかし)、1,000年の 歴史(れきし)を 誇(ほこ)る 新羅(しらぎ)の 都(みやこ)で、
今は ユネスコが 指定(してい)した 世界 10代(だい)の
文化遺産地(ぶんかいさんち)です。

B : ハ、そうですか。

회화 연습

| 보기 | 京都, 奈良, 大阪 |

A : _____ 行った ことが ありますか。

B : はい、_____

　　いいえ、_____

| 보기 | ソウル, デグ, ウルサン |

A : _____ 行って みた ことが ありますか。

B : はい、_____

　　いいえ、_____

단어정리

仏国寺(ぶっこくじ)	불국사	新羅(しらぎ)	신라
とても	매우	都(みやこ)	수도, 도읍지
雄大(ゆうだい)だ	웅대하다	ユネスコ	유네스코
昔(むかし)	옛날	指定(してい)	지정
歴史(れきし)	역사	文化遺産地(ぶんかいさんち)	문화유산지
誇(ほこ)る	자랑하다		

제2장 실용회화 및 문법

1_ 다음 동사를 과거의 경험으로 바꾸시오.

1) 日本の お酒を 飲む
   ➡ _____

2) この 本を 読む
   ➡ _____

3) 実物を みる
   ➡ _____

4) 小説を 書く
   ➡ _____

5) 海外 旅行を する
   ➡ _____

2. 다음 문장에 일본어로 답하시오.

1) 日本に 行った ことが ありますか。

   はい ➡ _____

   いいえ ➡ _____

2) 日本語を 勉強した ことが ありますか。

   はい ➡ _____

   いいえ ➡ _____

3) テニスを した ことが ありますか。

   はい ➡ _____

   いいえ ➡ _____

4) 犬を 飼った ことが ありますか。

   はい ➡ _____

   いいえ ➡ _____

5) 友だちを お誕生日に 招待した ことが ありますか。

   はい ➡ _____

   いいえ ➡ _____

3_ 일본어로 작문하시오.

1) 일본에 유학할 생각입니다.
   → _____

2) 김치를 먹은 적이 있습니까?
   → _____

3) 나도 가보고 싶습니다.
   → _____

4) 신라의 도읍지입니다.
   → _____

5) 어머니가 생각납니다.
   → _____

새단어

キムチ	김치	飼(か)う	기르다
意見(いけん)	의견	犬(いぬ)	개
先(さき)に	먼저	招待(しょうたい)	초대
もちろん	물론		

Memo

부 록

연습문제 풀이
해석
단어 색인

연습문제 풀이

제1과 안녕하세요

1. 1) おはようございます
   2) こんにちは
   3) こんばんは
   4) おやすみなさい
2. 1) お元気ですか - 안녕하십니까?
   2) 行ってきます - 다녀오겠습니다
   3) いただきます - 잘 먹겠습니다
   4) どういたしまして - 천만에요
   5) おやすみなさい - 잘 주무세요
3. 1) 미안합니다
   2) 고맙습니다
   3) 실례하겠습니다
   4) 안녕히 가세요
   5) 조심하세요

제2과 처음 뵙겠습니다.

1. 1) 佐藤さんは 日本人です。
   2) キムんは 先生です。
   3) あなたは 大学生で。
   4) わたしは 教師です。
   5) 鈴木さんは 者です。
2. A: はじめまして。
      본인이름と 申します。
      どうぞ よろしく おねがいします。
3. 1) はじめまして
   2) こちらこそ(わたしこそ) どうぞよろしく。
   3) わたしは 大学生です。
   4) 名前は 何ですか。
   5) はい, そうです。

제3과　저것은 무엇 입니까?

1. 1) これは 靴です。
   2) あれは 時計です。
   3) それは 雑誌です。
   4) これは 本です。
2. 1) それ　　2) これ　　3) あれ
3. 1) いいえ、それは 本ではありません。辞書です。
   2) いいえ、あれは かばんではありません。時計です。
   3) いいえ、これは 車ではありません。自転車です。
4. 1) あれは だれの かばんですか。
   2) これは ほんではありません. 雑誌です。
   3) にほんごの 本は どれですか。
   4) すみませんが、それは 雑誌ではありません。
   5) わたしの 眼鏡は これじゃありません。

제4과　도서관은 어디입니까?

1. 1) あそこは どこですか。教室です。
   2) そこは どこですか。事務室です。
   3) ここは どこですか。図書館です。
   4) そこは どこですか。トイレです。
   5) あそこは レストランです。
2. 1) 郵便局です。
   2) 銀行です。
   3) 薬屋です。
   4) 銀行です。
3. 1) 食堂は どちらですか。
   2) 銀行の 後ろは 事務室です。
   3) 郵便局の 右側が 銀行です。
   4) 図書館は どちらですか。
   5) 駅の 向う側の 建物は 何ですか。

제5과   지금 몇 시입니까?

1. 1) さんぜん ごひゃく きゅうじゅうに
   2) ろくせん きゅうひゃく はちじゅう
   3) よんせん ろっぴゃく
   4) さんぜん にひゃく はちじゅう ろく
   5) ななせん よんじゅう いち
2. 1) ろくじ じゅうはっぷんです
   2) じゅういちじ よんじゅう さんぷんです。
   3) よじ さんじっぷんです。
   4) じゅうにじ じゅっぷん まえです。
   5) いちじ にじゅう よんぷんです。
3. 1) 会社は あさ 8時半(はちじはん)から 午後6時(ごごろくじ)までです。
   2) スーパは 午前10時(ごぜんじゅうじ)から 午後10時(ごごじゅうじ)までです。
   3) コンビリは 24時間(にじゅよじかん) 営業(えいぎょう)です。
   4) サッカー練習は ひるから ゆうがたまでです。

제6과   오늘은 몇 월 몇 일입니까?

1) 月曜日と 水曜日です。
2) 9日(ここのか)です。
3) 20日(はつか)です。
4) 12詩です。
5) 29日です。
6) 24日(にじゅうよっか)です。
7) 5日(いつか)です

제7과　전부 얼마 입니까?

1. 1) ろっぴゃく(600)円です。
   2) よんせん(4000)円です。
   3) ひゃくにじゅうえん(120)円です。
   4) にひゃくよんじゅう(240)円です。
   5) ひゃくはちじゅう(180)円です。
2. 1) ぜんぶで おいくらですか。
   2) りんごと ミカンを ひとつずつ ください。
   3) ふたつで さんびゃく円です。
   4) 紙(かみ) にまい おねがいします。
   5) パン ふたつと ぎゅうにゅうを ください。

제8과　가족은 몇 명입니까?

1. 1) 学生は よにん(四人)です。
   2) 警察官は ふたり(二人)です。
   3) 子供は さんにん(三人)です。
   4) じゅうにん(十人)です。
   5) ひとり(一人)です。
2. 1) 木村さんの 家族は お祖母(ばあ)さん、お父(とう)さん、お母(かあ)さん、お兄(にい)さん
      の二人の 六人(ろくにん) 家族です。
   2) 中田さんの 家族は お祖父(じい)さん、お父(とう)さん、お母(かあ)さん、弟(おとうと)さんの
      五人(ごにん) 家族です。
   3) 각자의 가족을 말해 보시오.
3. 1) 私は 姉が 三人 います。
   2) 木村さんは お父さん, お母さん, 兄が 一人 います。
   3) 鈴木さんの ご家族は 何人ですか。
   4) あなたは 何人家族ですか。
   5) 弟と 妹が います。

제9과   일본어는 쉽습니다.

1. 1) おおきく ありません。
   2) たかく ありません。
   3) あつく ありません。
   4) すずしく ありません。
   5) おもしろく ありません。
2. 1) 韓国産の おいしい キムチです。
   2) 日本語は おもしろいです。
   3) そんなに むずかしく ない。
   4) 日本語より やさしいです。
   5) どの 建物が 大きいですか。

제10과   어떤 과일을 좋아합니까?

1. 1) 有名です。
      有名では(じゃ)ありません。
   2) 簡単です。
      簡単じゃありません。
   3) にぎやかです。
      にぎやかじゃありません。
   4) きれいです。
      きれいじゃありません。
   5) 暇です。
      暇じゃありません。
2. 1) 大事な 仕事
   2) 嫌いな 食べ物
   3) 静かな 町
   4) 親切な 店員
   5) まじめな 学生
3. 1) キムさんは まじめな 学生です。
   2) 英語は 下手です。
   3) コーヒは 好きじゃ ありません。

   4) この 帽子は おおきくて あかいです。
   5) アユミは 有名な 歌手です。

제11과　교실에 학생이 있습니다.

1. 1) います　2) あります　3) あります　4) います　5) あります
2. 1) バナナと りんごが あります。
   2) 五つ あります。
   3) 猫は 机の 下に います。
   4) 左です
   5) 何も ありません。
3. 1) 女(の人)は 三人 います。
   2) 椅子は 一つも ありません。
   3) 学生は 何人 いますか。
   4) 教室に テレビも ありますか。
   5) この 部屋には だれも いません。

제12과　내일 경주로 갑니다

1. 1) 상1단　2) 하1단　3) か행 변격　4) さ행 변격　5) 5단
2. 1) ききます　2) ねます　3) よみます　4) きます　5) のります
3. 1) 何で 行きますか。
   2) 母が 釜山から きます。
   3) いつも ほんを 読みます。
   4) 夜 10時には 寝ます。
   5) 何時に 起きますか。

부록

제13과 무엇을 하고 있습니까?

1. 1) きいて 2) ねて 3) よんで 4) きて · 5) のって
2. 1) テレビを みて います。
   2) シャワーを あびて います。
   3) 本を 読んで います。
   4) テニスを して います。
   5) 友達と 遊んで います。
3. 1) 何を して いますか。
   2) ここで 待ちませんでした。
   3) 本·に おもしろかったです。
   4) 夜 十時には 寝ませんでした。
   5) きのうは 家で 休みました。

제14과 한글을 가르쳐 주세요.

1. 1) いっしょに 行って ください。
   2) ゆっくり 話して ください。
   3) 早く 急いで ください。
   4) べんきょう して ください。
   5) 日本語を 教えて ください。
2. 1) この 本 読んでも いいですか。
   2) ゆっくり 話しても いいですか。
   3) ドラマを みても いいですか。
   4) 小説を 借りても いいですか。
   5) 果物を たべても いいですか。
3. 1) すみますんが、この 漢字を 教えて ください。
   2) 先生に 借りても いいですか。
   3) まっすぐ 行って ください。
   4) 日本語では 着物と 言います。
   5) ちょっと、休んでも いいですか。

제15과   유럽에 간 적이 있습니까?

1. 1) 日本の お酒を 飲んだ ことが あります。
   2) この ほんを よんだ ことが あります。
   3) 実物を みた ことが あります。
   4) 小説を かいた ことが あります。
   5) 海外旅行を した ことが あります。
2. 자신의 경험대로 이야기 해 봅시다.
   はい、あります。
   いいえ、ありません。
3. 1) 日本へ 留学する つもり(予定)です。
   2) キムチを 食べた ことが ありますか。
   3) 私も 行って みたいです。
   4) しらぎの 都です。
   5) お母さんが 思い出します。

부록

해석

제1과

【기본회화】
학생　　：선생님, 안녕하세요.
선생님：안녕.

이　　　：다나카씨, 안녕하세요.
다나카：아, 안녕하세요

사토　　：안녕하세요. 선생님.
선생님：아, 사토씨, 안녕하세요.

【응용회화】
A：그럼, 다녀오겠습니다.
B：예, 잘 다녀오십시오.
　　조심하구요.
A：예, 알았습니다.

제2과

【기본회화】
다나카：처음 뵙겠습니다. 다나카입니다.
　　　　잘 부탁드립니다.
김　　：처음 뵙겠습니다.
　　　　저는 김이라고 합니다.
　　　　저야말로 잘 부탁드리겠습니다.
다나카：제 명함입니다. 받으시죠.
김　　：아, 감사합니다.

【응용회화】
A：실례입니다만, 이름은 무엇입니까?
B：사토 마유미입니다.

A : 조국은 어디입니까?
B : 일본입니다.
A : 그럼, 사토씨는 유학생입니까?
B : 예, 그렇습니다.

제3과

【기본회화】
다나카 : 미희씨, 미안합니다만, 그것은 무엇입니까?
미희   : 이것 말입니까? 이것은 한글사전입니다.
다나카 : 저것도 사전입니까?
미희   : 아, 저것은 사전이 아닙니다.
          잡지입니다.
다나카 : 일본어 사전은 어느 것이죠?
김   : 이것입니다.

【응용회화】
A : 저것은 누구의 책입니까?
B : 미희씨의 책입니다.
A : 아, 그렇습니까.
     그럼, 이 안경은?
B : 아, 그것은 미희씨의 안경이 아닙니다.
     다나카씨의 안경입니다.
A : 그럼, 이 손수건은(누구의 것입니까)?
B : 그것은 나의 손수건입니다.

제4과

【기본회화】
스즈키 : 저어, 미안합니다만.
          도서관은 어느 쪽입니까?
박   : 도서관 말입니까?
          도서관은 저 건물입니다.
스즈키 : 아, 저 오른편 건물 말이군요.

【응용회화】

A : 저, 죄송합니다만 우체국은 어느 쪽입니까?
B : 우체국말입니까?
A : 예.
B : 그러니까, 아, 저 약국 오른쪽입니다.
A : 대단히 고맙습니다.
B : 아니오, 천만에요.

제5과

【기본회화】

김　　　: 지금 몇 시 입니까?
다나카 : 9시 5분 전 입니다.
김　　　: 다나카씨, 일본의 우체국은 몇 시까지 입니까?
다나카 : 오전 9시부터 오후 5시까지입니다.
　　　　　한국은 어떻습니까?
김　　　: 한국도 그렇습니다.

【응용회화】

A : 미안하지만, 지금 몇 시인가요?
B : 정각 3시입니다.
A : 그래요? 그럼, 시립도서관은 몇 시까지 입니까?
B : 오후 5시까지입니다.

제6과

【기본회화】

스즈키: 이상, 오늘은 며칠입니까?
이　　 : 오늘은 5월 6일 입니다.
스즈키: 김상의 생일은 언제 입니까?
이　　 : 그의 생일은 5월 8일 입니다.
스즈키 : 오늘은 5월 6일, 목요일이니까, 그렇다면 김상의 생일은 모레 토요일이군요.
이　　 : 아, 그렇군요.

【응용회화】
A : 한국의 여름방학은 대개 언제부터 언제까지 입니까?
B : 대개 7월 초순부터 8월 하순까지 입니다.
A : 수업은 무슨 요일부터 무슨 요일까지 입니까?
B : 화요일부터 금요일까지입니다.

제7과

【기본회화】
점원 : 어서오세요.
　　　　주문하세요.
박 　: 치즈버거 하나와 콜라 하나 그리고 커피를 둘 주세요.
점원 : 예, 알겠습니다.
　　　　설탕과 프림은 어떻습니까?
박 　: 예, 두개 씩 부탁합니다.
　　　　얼마입니까?
점원 : 치즈버거가 450엔, 콜라가 150엔, 그리고 220엔의 커피가 둘,
　　　　전부해서 1040엔입니다.

【응용회화】
A : 어서 오십시오.
B : 사과는 하나에 얼마입니까?
A : 100엔입니다.
B : 밀감은?
A : 밀감은 5개에 300엔입니다.
B : 그렇다면 사과 3개와 밀감 5개를 주십시오.
A : 전부 600엔입니다.
　　　포도는 어떻습니까?
B : 포도는 괜찮습니다.
A : 예, 고맙습니다.

제8과

【기본회화】

김　　　: 형제는 몇 명입니까?
다나카 : 여동생과 남동생이 한 명씩 있습니다.
김　　　: 부모님과 함께 입니까?
다나카 : 예, 그렇습니다.
　　　　 김상은?
김　　　: 저는 형이 두 명 있습니다.

【응용회화】

A : 그것은 무엇입니까?
B : 가족사진입니다.
A : 몇 명 가족입니까?
B : 부모님과 여동생, 저 4인 가족입니다.
A : 여동생 분은 학생인가요?
B : 아니오. 그녀는 사회인입니다.

제9과

【기본회화】

김　　　: 스즈키상, 한국어는 쉽습니까? 어렵습니까?
스즈키 : 한국어는 좀 어렵군요.
　　　　 일본어 공부는 어때요?
김　　　: 그렇게 어렵지는 않습니다.
　　　　 영어보다 재미있습니다.
스즈키 : 와아, 훌륭하군요.
김　　　: 아니요, 그렇지 않습니다.

【응용회화】

A : 이 요리 이름은 무엇인가요?
B : 삼계탕입니다.
A : 맵습니까?
B : 아니오, 전혀 맵지 않습니다.

A : 재료는 무엇인가요?
B : 닭고기와 고려인삼, 그리고 대추와 찹쌀입니다.
　　몸에 좋은 스테미나 식입니다.

제10과

【기본회화】

다나카: 이상은 어떤 과일을 좋아하나요?
이　 : 저 말입니까? 저는 수박을 좋아합니다. 다나카씨는요.
다나카: 저는 사과를 좋아합니다.
이　 : 사과는 일본의 후지가 유명하죠.
다나카: 일본에서 유명한 한국 과일은 배입니다.
이　 : 역시 그렇습니까.
　　　　맛이 좋고 세계적으로도 유명합니다.
　　　　그렇지만 전, 배는 그다지 좋아하지 않습니다.

【응용회화】

A : 아, 새로운 영화 포스터이네요.
B : 이 여성은 아름답군요.
A : 그녀는 일본인이지만 한국에서도 유명한 탤런트예요.
　　저도 좋아합니다.
A : 그래요. 이름은 무엇인가요.
B : 유민입니다.
A : 그녀, 결혼은 (했나요)?
B : 물론 아직입니다.

제11과

【기본회화】

김　 : 교실에는 사람이 몇 사람 있습니까?
스즈키: 여자가 두 사람, 남자가 네 사람 있습니다.
김　 : 그 외 교실에 무엇이 있습니까?
스즈키: 책상과 의자가 있습니다.
김　 : 책상 위에는 무엇인가 있습니까?

스즈키 : 아니오. 아무것도 없습니다.
김　　 : 텔레비전도 있습니까?
스즈키 : 아니오, 텔레비전은 없습니다.

【응용회화】
A : 이 방에 유학생은 몇 사람 있습니까?
B : 아, 유학생말입니까?
　　모두 3사람 있습니다만...
A : 일본인 유학생도 있습니까?
B : 예, 한 사람 잇습니다.
A : 그 외 유학생은요.
B : 예, 영국인과 중국인 유학생이 한 사람씩 있습니다.?

제12과

【기본회화】
김　　 : 내일 경주에 갑니다.
스즈키 : 경주말입니까? 무슨 볼일이라도?
김　　 : 일본인 친구가 옵니다.
스즈키 : 그렇습니까? 유학시절 때 아시는 분입니까?
김　　 : 예, 그렇습니다.
스즈키 : 경주까지는 무엇으로 갈 생각입니까?
김　　 : 제 자동차로 갑니다.
스즈키 : 좋겠군요. 그럼, 잘 다녀오세요.

【응용회화】
A : 부산에서 서울까지 몇 시간 걸립니까?
B : KTX는 고속열차로 2시간 반 정도 걸립니다.
A : 그렇습니까? 그럼, 비행기는? ‥
B : 한 시간정도입니다.
A : 역시 비행기 편이 빠르군요.
　　렇지만, 역시 가격이 비싸기 때문에.
B : 그렇죠.

제13과

【기본회화】

김 : 스즈키씨, 뭐 하고 있어요?
스즈키 : 일본에서도 유명한 한국 드라마를 보고 있어요.
김 : 아, 그래요? 제목은요(무엇입니까)?
스즈키 : 겨울 소나타(겨울연가)입니다.
김 : 아, 나는 벌써 봤습니다. 아직 보지 않았나요?
　　　　참 재미있었어요.
스즈키 : 아름다운 남녀의 사랑 이야기이군요.
스즈키 : 그렇죠.

【응용회화】

A : 이런 곳에서 무엇을 하고 있습니까?
B : 어머니를 기다리고 있습니다.
A : 그렇습니까? 약속 시간은요? · · ·
B : 2시니까, 곧입니다.
A : 아, 그렇군요.
　　그럼, 저는 먼저 (실례하겠습니다).
B : 예, 그러세요.

제14과

【기본회화】

스즈키 : 김상, 미안합니다만, 이 한글 어떻게 읽나요? 좀 가르쳐 주세요.
김 : 그러죠. 무엇입니까?
　　　아, 〈사랑하다〉네요. 한글로 〈사랑하다〉라고 읽습니다.
　　　일본어로는 아이스루(사랑한다)라는 의미입니다.
스즈키 : 그렇습니까? 좋은 뜻이군요.
　　　　고맙습니다.
김 : 아니에요.
스즈키 : 김상, 그리고 하나 더, 이 한글 책 좀 빌려도 될까요?
김 : 예, 그러세요.

【응용회화】

A : 저, 죄송합니다.
　　공원에 가는 길을 가르쳐 주세요.
B : 공원 말이군요.
　　똑 바로(곧장) 가서 왼쪽 편입니다.
A : 똑 바로(곧장) 가서 왼쪽편이군요.
　　고맙습니다.
B : 아니에요.

제15과

【기본회화】

스즈키 : 김상, 유럽에 간 적이 있습니까?
김　　 : 아니오, 없는데요.
　　　　 스즈키씨는요?
스즈키 : 저는 한 번 간 적이 있습니다.
김　　 : 가장 인상적인 곳은 어디였나요.
스즈키 : 글쎄요. 여러 가지 있었습니다만, 저는 로마가 가장 생각납니다.
김　　 : 나도 꼭 가 보고 싶군요.

【응용회화】

A : 경주에 간적이 있습니까?
B : 예, 물론입니다.
　　불국사는 웅대하고 대단히 아름다웠습니다.
A : 옛날 1000년의 역사를 자랑하는 신라의 수도로, 지금은 유네사코가 지정한
　　세계 10대 문화유산지입니다.
B : 와, 그렇습니까?

단어색인

【제1과】
おはようございます 안녕하세요(아침 인사)
こんにちは 안녕하세요(낮 인사)
こんばんは 안녕하세요(저녁 인사)
学生(がくせい) 학생
先生(せんせい) 선생님
田中(たなか) 일본의 성씨
佐藤(さとう) 일본의 성씨
を つけてください 조심 하세요
わかりました 알겠습니다.

【제2과】
はじめまして 처음 뵙겠습니다
私(わたし) 나, 저
~は ~ 은, 는
~です ~ 입니다
どうぞ 아무쪼록, 부디
よろしく 잘 (부탁합니다)의 준말
金(キム) 김(성)
~と申(もう)します ~ 라고 합니다
こちらこそ 저야말로
~の ~ 의
名刺(めいし) 명함
どうぞ 받으세요.
(失・)しつれいですが 실례입니다만
お名前(なまえ) 이름
何(なん)ですか 무엇입니까?
お国(くに) 나라, 국가
~さん ~씨, ~님
留学生(りゅうがくせい) 유학생
はい 예(긍정의 대답)

そうです 그렇습니다
会社員(かいしゃいん) 회사원
公務員(こうむいん) 공무원
　者(いしゃ) 의사
主婦(しゅふ) 주부

【제3과】
あのう 저어—
すみませんが 미안합니다만
これ 이것
それ 그것
日本語(にほんご) 일본어
~も ~도
何(なん) 무엇
本(ほん) 책
あれ 저것
そうですか 그렇습니까?
じゃありません ~ 이(가) 아닙니다.
韓国語(かんこくご) 한국어
どれ 어느 것
眼鏡(めがね) 안경
では 그럼, 그렇다면
ハンカチ 손수건
物(もの) 물건
雑誌(ざっし) 잡지
辞書(じしょ) 사전
鉛筆(えんぴつ) 연필

【제4과】
図書館(としょかん) 도서관
建物(たてもの) 건물

부록

右側(みぎがわ) 오른편
ありがとう 고맙습니다
薬屋(くすりや) 약국
郵便局(ゆうびんきょく) 우체국
本屋(ほんや) 책방
花屋(はなや) 꽃집
靴屋(くつや) 구두 가게
魚屋(さかなや) 생선가게

【제5과】
~から ~부터
今(いま) 지금
何時(なんじ) 몇 시
~まで ~까지
午前(ごぜん) 오전
午後(ごご) 오후
前(まえ) 전 / 앞
韓国(かんこく) 한국
ちょうど 정확히, 딱(마침)
市立・書館(しりつとしょかん) 시립도서관
銀行(ぎんこう) 은행

【제6과】
誕生日(たんじょうび) 생일
いつ 언제
彼(かれ) 그
今日(きょう) 오늘
何日(なんにち) 며칠
木曜日(もくようび) 목요일
そしたら 그러면, 그렇다면
あさって 모레
夏休(なつやす)み 여름방학
だいたい 대체로, 대개
初旬(しょじゅん) 초순

下旬(げじゅん) 하순

【제7과】
いらっしゃいませ 어서 오십시오
注文(ちゅうもん) 주문
~と ~와, ~과, ~하고
チーズバーガー 치즈버거
コーラ 콜라
コーヒー 커피
それから 그리고, 또 그런 후
ください 주세요, 주십시오.
かしこまりました 알겠습니다
(わかりました의 경어).
さとう 설탕
ミルク 밀크(프림)
いかがですか 어떻습니까
ずつ ~씩
おねがいします 부탁합니다
おいくらですか 얼마입니까
そして 그리고
で 전부, 모두(해서)
りんご 사과
みかん 밀감
ぶどう 포도
そしたら 그렇다면
バナナ 바나나
キログラム 킬로그램

【제8과】
兄弟(きょうだい) 형제
一人(ひとり) 한 명
ずつ ~씩
います 있습니다.
何人(なんにん) 몇 명

妹(いもうと) 여동생
弟(おとうと) 남동생
ご両親(りょうしん) 부모님
いっしょ 함께
でも 그렇지만
二人(ふたり) 두 명
何人家族(なんにんかぞく) 몇 명 가족
社会人(しゃかいじん) 사회인
~と ~와, ~과 121

【제9과】
やさしい 쉽다
難(むずか)しい 어렵다
おもしろい 재미있다
ちょっと 조금
そんなに 그렇게
えらい 훌륭하다
英語(えいご) 영어
そんな こと ありません 그렇지 않습니다.
サムゲタン 삼계탕
材料(ざいりょう) 재료
鶏肉(とりにく) 닭고기
高麗人参(こうらいにんじん) 인삼
なつめ 대추
もちこめ 찹쌀
体(からだ) 몸
全然(ぜんぜん) 전혀
スタミナ食(しょく) 스태미너 식, 건강식

【제10과】
どんな 어떤
果物(くだもの) 과일
好(す)きだ 좋아하다
すいか 수박

有名(ゆうめい)だ 유명하다
でも 그렇지만
梨(なし) 배
やはり 역시
味(あじ) 맛
世界的(せかいてき)にも 세계적으로도
ポスター 포스터
女性(じょせい) 여성
タレント 탤런트
勿論(もちろん) 물론
まだ 아직

【제11과】
教室(きょうしつ) 교실
何人(なんにん) 몇 사람
二人(ふたり) 두 사람
四人(よにん) 네 사람
椅子(いす) 의자
机(つくえ) 책상
テレビ 텔레비전
留学生(りゅうがくせい) 유학생
その ほか 그 외
イギリス 영국인
中国人(ちゅうごくじん) 중국인

【제12과】
慶州(けいしゅう) 경주
ご用(よう) 용건, 볼일
来(き)ます 옵니다
知り合い(しりあい) 아는 사람, 지인
自動車(じどうしゃ) 자동차
つもり ~(할) 예정, 생각
かかる (시간이) 걸리다.
高速列車(こうそくれっしゃ) 고속열차

부록

ぐらい 정도
飛行機(ひこうき) 비행기
自転車(じてんしゃ) 자전거
車(くるま) 차
オートバイ 오토바이

【제13과】
題目(だいもく) 제목
冬(ふゆ) 겨울
まだ 아직
美(うつく)しい 아름답다
男女(だんじょ) 남녀
愛(あい) 사랑
物語(ものがたり) 이야기
こんな 이런
ところ(所) 곳, 장소
待(ま)つ 기다리다
約束(やくそく) 약속
もうすぐ 머잖아 곧
お酒(さけ) 술
飲(の)む 마시다
写真(しゃしん) 사진
撮(と)る 찍다
寒(さむ)い 춥다
暑(あつ)い 덥다
温(あたた)かい 따뜻하다

【제14과】
ハングル 한글
教(おし)える 가르치다
愛(あい)する 사랑하다
~と いいます ~라고 합니다.
それから 그리고
もう 一つ 하나 더

借(か)りる 빌리다
公園(こうえん) 공원
道(みち) 길
まっすぐ 똑 바로
教える(おしえる) 가르치다.
博物館(はくぶつかん) 박물관

【제15과】
ヨロッパ 유럽
一度(いちど) 한 번
一番(いちばん) 가장, 제일
印象的(いんしょうてき) 인상적
いろいろ 여러 가지
思(おも)い出(だ)す 생각이 나다. 떠오르다.
ぜひ 꼭, 반드시
~たい ~(하)고 싶다.
仏国寺(ぶっこくじ) 불국사
とても 매우
雄大(ゆうだい)だ 웅대하다
昔(むかし) 옛날
歴史(れきし) 역사
誇(ほこ)る 자랑하다
新羅(しらぎ) 신라
都(みやこ) 수도, 도읍지
ユネスコ 유네스코
指定(してい) 지정
文化遺産地(ぶんかいさんち) 문화유산지

【저　자】

성해준
　　일본 국립 시즈오카대학 인문학과 졸업
　　도호쿠대학 대학원(일본사상사학 전공) 석 · 박사 과정수료. 문학박사
　　일본센다이 지방재판소 법정통역원
　　경북대학교 퇴계연구소 연구원
　　현재 동명대학교 호텔경영학과 교수

감영희
　　일본 구루메대학 대학원 비교문화연구과 일문학 전공 · 문학박사
　　NHK 야마구치 크리에티브센터 한국어 강사
　　구루메대학 비교문화연구소 연구원
　　덕명여자상업고등학교 교사
　　부산여자대학 관광일본어과 겸임교수
　　현재 동명대학교 관광경영학과 교수

저자와의
협의하에
인지생략

재미있는 대학 일본어

2007년 3월 5일 / 초판 인쇄
2007년 3월 5일 / 초판 발행

공저 / 성해준, 감영희
발행인 / 홍정표
발행처 / 세림출판

등록번호 / 제 6-792호
주소 / 서울시 동대문구 장안3동 466-9 청암B/D 1102호
전화 / (02)488-3280
FAX / (02)488-3281
E-mail / tohong@paran.com

ISBN 978-89-92576-00-0　13730

정가 / 10,000원

*잘못 만들어진 책은 구입한 서점에서 바꿔 드립니다.